老祖宗说礼仪

刘正平　黄茜娅　著

浙江古籍出版社

前言

夏天晚饭后，院子里，星空下，听爷爷摇着扇子讲过去的故事。蝉鸣声声，偶尔有蚊子叮咬两口，黑夜中，凉风吹来，也吹来那些陌生又熟悉的事情。陌生是因为我们从未经历过，熟悉是因为来自我们老去的或者逝去了很久很久的亲人。“天阶夜色凉如水，坐看牵牛织女星。”小时候我们用聆听爷爷辈的故事，仰望辽阔的星空，打发用不完的精力和无处释放的想象力。我们就在那一刻穿越时空，接触到了过去，体验着当下，又对未来无限向往。

每个人心里都有一块童年圣地，它供人们在那里安静地倾听，自由地想象。而编写这套“老祖宗说”也正是起源于这样的情怀。也许你是一个人倾听，也许是兄弟姐妹围坐在一起倾听，我希望亲爱的读者，你，在听爷爷讲故事的心境和氛围里来倾听我们共同的“老祖宗”，给你讲讲中国先人的那些事。也许首先你会觉得新鲜，然后觉得似曾相识，甚或发现我们的内心，找到自己依傍的信念、灵魂中回响着的祖先的声音。

为此，编者特请了六位对传统文化有深入了解的作者，从中国传统文化中挑选了六道大菜呈上，让“老祖宗”来说说中国古代的节令、饮食、游艺、礼仪、汉字和书法。“老祖宗”将借助历代典籍、诗歌、书画、文物等讲述我们先人的生活，也会提及那些“旧东西”在今天的变体。

万事都有自己的根源，不可能凭空而生。“老祖宗说”这套书，就是想带你追索我们共同的民族记忆，顺着凭我们自己难以寻觅的瓜藤，去摸一摸那只“古老的瓜”。那么，就搬来椅子、板凳甚至席地而坐，一起来听听“老祖宗”说了些什么吧！

序

礼仪，就是礼节和仪式。礼仪的基本功能是律己敬人，一方面通过道德观念约束言行，一方面通过仪式规范向交往对象表达诚敬。两相和顺，可以有效避免人际交往过程中因无礼、失礼而带来的争端，营造一个良好的交际环境。这对个人的成长和发展非常重要，所谓“德不孤，必有邻”，人生的道路上为什么会有那么多的人愿意帮助我们？基于诚敬理念的礼仪规范，是“得道多助”的首要前提。

将人际关系和人际交往的基本规范放大到国家治理层面，礼仪依然是治国理政的重要内容。《周礼·春官宗伯·肆师》有言：“凡国之大事，治其礼仪，以佐宗伯；凡国之小事，治其礼仪，而掌其事，如宗伯之礼。”可见，早在周代，国家每逢大小事务，均有从事相关礼仪制订和执行的专职人员，也就是“肆师”。后来孔子继承了这一传统，以诗书礼乐教授弟子，礼仪一直处于首要地位。孔子提出了“克己复礼”“博文约礼”“富而好礼”等观念，主张“非礼勿视，非礼勿听，非礼勿言，非礼勿动”，对德行有严格的一以贯之的要求。孔子的思想观念已经成为中华民族的文化基因，深深地交融在华夏文明的历史长河中，受此文化浸润，我们必须对其有深入的了解，并在日常言行中予以贯彻和实践。

孔子多次表达过学习礼仪的重要性——“不学礼，无以立”，也就是说，礼是立身成家的必要途径，未接受礼乐熏习的人则是孔子口中所说的“野人”。《韩诗外传》曰：“凡用心之术，由礼则理达，不由礼则悖乱。饮食衣服，动静居处，由礼则知节，不由礼则垫陷生疾。容貌态度，进退趋步，由礼则雅，不由礼则夷固。”这都是对个人行为举止，即修身“由礼”重要性的精到说明。

“礼者，履也”，礼仪是用来实践的，不是空谈的。礼仪的基本原则是貌敬心诚、“彬彬有礼”和“礼尚往来”。孔子强调“礼主敬”“祭神如神在”，所以致礼时心存虔敬是最基本的要求。“彬彬有礼”是对个人修养的基本要求，只有接受过基本的礼仪训练，才能让自己的气质温文尔雅，“文质彬彬，然后君子”。至于“礼尚往来”，一直是中华民族的传统美德，来而不往非礼也，往而不来亦非礼也，礼仪从来不是单方面的行为。所以，礼仪有三个基本特征：礼仪必须实践，践行礼仪要内心诚敬，礼仪是修身立命的根本。

礼仪并非空泛的清规戒律，而是中国文化的重要组成部分，更是华夏文明的根基。周公制礼作乐，利用“礼”教与“乐”教，形成一套完善的礼乐制度，并被后世继承、传扬，有效地维持了社会秩序，也产生了丰厚的物质文化。这也就是我们常说常新的“礼乐文明”。作为中国人，学习礼仪文化，弘扬和重建礼乐文明，是我们的使命。本书即期望通过对传统礼仪的介绍，使读者能知礼、学礼，并能做到知行统一，进而提升自己的修养。

刘正平

2016年4月

目录

第一章 家庭礼仪

相敬如宾 家和业兴

第二章 社交礼仪

勤慎忠恕 端严诚敬

第三章 生命礼仪

生之以礼 终之如仪

第四章 宴饮礼仪

尊卑有序 节度有常

第五章 节俗礼仪

敬天法祖 福荫子孙

走进中华传统文化

畅享华夏文明之旅

第一章 家庭礼仪

相敬如宾 家和业兴

兄友弟恭

主妇和顺

父慈子孝

百善孝先

伉俪和乐

妇顺家和

相敬如宾

手足情深

和乐融融

夫孝，德之本也，教之所由生也。……立身行道，扬名于后世，以显父母，孝之终也。

——《孝经·开宗明义章》

百善孝先，德之本也

元代郭居敬编了本《二十四孝》的书，生动讲述了历代二十四位孝子的故事，跨度从上古时期的虞舜一直到北宋年间的黄庭坚。有母病三年亲尝汤药的汉文帝，有卖身贷钱葬殓生父的贫儿董永，有赤手搏虎救父性命的女孩杨香，还有大文豪黄庭坚，那双手执起笔来，文章辞采飞扬，也夜夜为生母清洗溺器。儒家重家庭伦理，“孝”在儒家道德体系里居核心地位，诚然以当代人的眼光观之，《二十四孝》中不乏愚昧可笑的成分，但孝道是从老祖宗那个年代一直传下来的道德规范的核心内容，如今对社会家庭仍有其正面意义，不可全盘否定。

▲ 朱熹手笔“孝”字

《二十四孝》中有一个故事，说的是东汉江夏有个小孩名叫黄香，他九岁时母亲就去世了，黄香思母甚切，也极尽所能地孝敬仍在世的父亲。夏日酷暑，黄香就用扇子扇凉枕席，供父亲卧眠；冬日严寒，黄香自己先钻进被褥里，为父亲暖床。黄香为父亲所做的并不是什么震天撼地、生死攸关的大事，仅在生活起居上做到细致贴心，却足以让人感

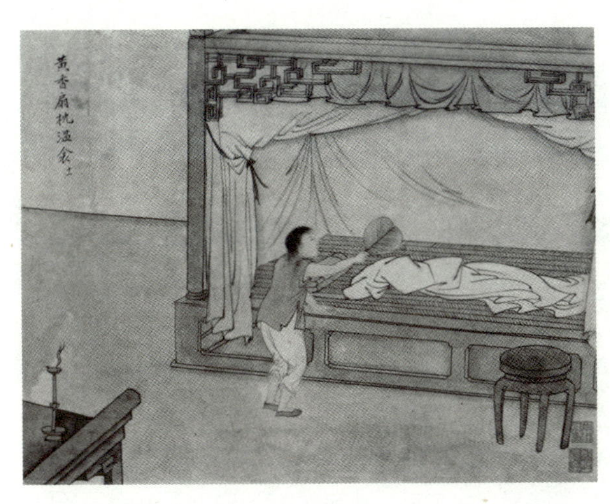

◀清·王素《扇枕温衾》

到父子家庭之温情。再则黄香少年时就博通经史，文采飞扬。他既遵孝礼，又有文才，因而名播京师，被誉为“天下无双，江夏黄香”。黄香不仅孝顺父母，更爱护百姓。成年后任魏郡太守，魏郡遭受水灾，黄香倾其所有赈济灾民，爱民如子，不以权谋私，一心为百姓造福。百姓十分爱戴且敬重他。

东晋的王祥就更有舍身精神了。王祥也是早年丧母，但继母待他非常刻薄恶毒，经常在他父亲面前说他坏话，挑拨父子关系，还用尽各种虐待手段，甚至曾经动手暗杀王祥，事情败露后，王祥不但没有怨言，反而深深自责。后来父母患病卧床时，王祥却侍奉左右不离，以德报怨，宽容大度。有一日，病中的继母突然想吃活鲤鱼，王祥说什么也要满足她。时值冬日，天寒地冻，王祥来到冰封千里的湖面上，望着白茫茫的一片雪，又恰巧没有带可以挖凿的工具，他毅然决然地宽衣解带，卧在冰面上。火热的身体紧贴着湖面，天地为之动容，冰面忽然自行融化，鲜活的鲤鱼从中跃出。王祥兴高采烈地将鲤鱼带回家熬汤，继母吃下后，果然痊愈了。孝子之德足以感天动地，继母被王祥的孝行所感动，从此待他如同亲生儿子。真实故事绝不会如上面所说的这么神奇，但从此可以看出，我们的孝道文化影响很深。

《孝经》开篇就说道：“夫孝，德之本也，教之所由生也。”孝是一切德行的根本，所有品行的教化都是由孝行派生出来的。我国的孝道文化源远流长，《诗经·小雅·蓼莪》中就有“哀哀父母，生我劬劳”和“父兮生我，母

◀清·王素《卧冰求鲤》

兮鞠我。拊我畜我，长我育我，顾我复我，出入腹我。欲报之德，昊天罔极”的诗句，感叹父母抚养孩子太辛劳，孝子却不得终养父母的真挚情感。孝子想赡养父母终老，但父母却遭遇不测，使得子女无法报答父母的养育之恩，这是何其不幸啊！类似的事在《韩诗外传》卷九也有记载。

一日孔子出行，听到路边有人哭得悲痛欲绝，难以自已。孔子对那人说：“你为什么哭得如此悲伤呢？”那人回答：“我有三个过失：年少时为了求学，周游列国，没有把照顾亲人放在首位，这是其一；我志向高远，却因利益去辅佐奢华的君王，这是其二；和朋友交情深厚却因小事和他绝交，这是其三。树想静止不动，风却不停息地吹；子女想要赡养双亲，亲人却已不在！逝去就永远追不回来的是时光，过世后再也见不到面的是双亲。请让我从此告别人世吧。”说完，那人便站立不动，直至枯槁而死。

这就是“皋鱼哭亲”的故事。孝子皋鱼悲恸万分，后悔父母在世时自己没有好好侍奉他们，尽孝道，最后竟然枯槁而死。“树欲静而风不止，子欲养而亲不待也。往而不可追者，年也；去而不可得见者，亲也。”孔子说：“弟子诫之，足以识矣。”希望后人能引以为戒，不要重蹈覆辙。

儒家先贤孔子、孟子非常注重在言行之中表达“孝”。孟懿子向孔子问孝，孔子答了二字箴言：“无违。”又解释“无违”的意思为“生，事之以礼；死，葬之以礼，祭之以礼”。这个无违即是不违背礼法的意思。父母在世

时要以“礼”侍奉，父母去世后要以“礼”来安葬，日后还要以“礼”祭祀。儒家认为使家庭和睦、父慈子孝的载体就是“礼”。在《论语·阳货》篇，有孔子和他的弟子宰我的一段对话，非常有名：

宰我问：“三年之丧，期已久矣。君子三年不为礼，礼必坏；三年不为乐，乐必崩。旧谷既没，新谷既升，钻燧改火，期可已矣。”子曰：“食夫稻，衣夫锦，于女安乎？”曰：“安。”“女安，则为之！夫君子之居丧，食旨不甘，闻乐不乐，居处不安，故不为也。今女安，则为之！”宰我出。子曰：“予之不仁也！子生三年，然后免于父母之怀。夫三年之丧，天下之通丧也。予也有三年之爱于其父母乎？”

宰我认为，父母去世后子女守孝三年，时间太长了。三年期间不过礼乐生活，这岂不是坏了礼乐制度？他认为守孝一年就足够了，这也符合自然界新旧交替的规律。孔子说，不满三年丧期，仅仅守孝一年，你便吃稻米，穿华服，父母把你养大成人，不守孝你觉得心安吗？不料宰我说：“我心安理得。”孔子大怒，认为宰我没有一点仁慈之心，父母养育一个孩子，从出生到离开父母怀抱，最少要三年时间，守孝三年这是最基本的要求，是对父母的尊重和养育之恩的报答，宰我的这种认识很不像话。

关于孝，孔子又强调了一个“敬”字。《论语·为政》里有一段话把这个问题说得特别清楚：

子游问孝。子曰：“今之孝者，是谓能养。至于犬马，皆能有养。不敬，何以别乎？”

▲《孔圣家语图·退修授业》

子游问孔子什么是孝。孔子说现在一般人理解的孝，认为能够赡养父母就是孝了，但这还是远远不够的。狗和马都能得到饲养，如果不是真心孝敬父母，那养活父母和饲养狗跟马有什么区别呢？可见孔子在“孝”这个问题上更多的是强调一个“敬”，不是单纯的赡养父母而已。

《论语·为政》中还提到子夏问孔子何为孝：

子夏问孝。子曰：“色难。有事，弟子服其劳；有酒食，先生馔，曾是以为孝乎？”

子夏向孔子请教怎样为孝。孔子认为仅仅为父母办事，给父母好吃的，用饮食、劳务来供养父母，不算是难事，但是能够和颜悦色来侍奉父母，这就难得了。南宋著名的理学家、思想家、教育家朱熹解释说：“盖孝子之有深爱者，必有和气；有和气者，必有愉色；有愉色者，必有婉容；故事亲之际，惟色为难耳，服劳奉养未足为孝也。”所以说真正的孝是从内心而发的，不是流于表面的侍奉。

孟子则反复强调“谨庠序之教，申之以孝悌之义”的道德伦理观念，甚至明确规定了“不孝”的五条标准。《孟子·离娄下》有言：

世俗所谓不孝者五：惰其四支（肢），不顾父母之养，一不孝也；博弈好饮酒，不顾父母之养，二不孝也；好货财，私妻子，不顾父母之

养，三不孝也；从（纵）耳目之欲，以为父母戮，四不孝也；好勇斗很（狠），以危父母，五不孝也。

懒惰、喜欢赌博饮酒、贪财而只照顾妻子和孩子、喜欢声色犬马、逞勇好斗等等，都是不孝的表现。

“生，事之以礼；死，葬之以礼，祭之以礼。”这句话中的“礼”分别是指什么呢?《礼记》中释之为：“凡为人子之礼，冬温而夏凊，昏定而晨省。”所谓冬温夏凊、昏定晨省究竟是怎样一种情况呢？就是使父母冬天感到温暖，夏天感到凉爽；晚上服侍父母就寝，早晨向父母问安。葬之以礼，《孝经》中有记载“为之棺椁衣衾而举之”和“卜其宅兆而安厝之”。在父母下葬前准备好棺材、殓衣和被褥，占卜得到适宜安置父母灵柩的方位，送葬的过程中要捶胸顿足、痛哭悲戚以表达哀伤之情。至于祭祀之礼，《孝经》中说：“为之宗庙，以鬼享之；春秋祭祀，以时思之。”寒来暑往，春去秋来，四时都必须通过祭祀来感怀父母的恩德。而祭祀的方法则是“陈其簠簋而哀戚之”，簠和簋是古代盛食物的器皿，将这类礼器陈列在宗庙中追思怀念。

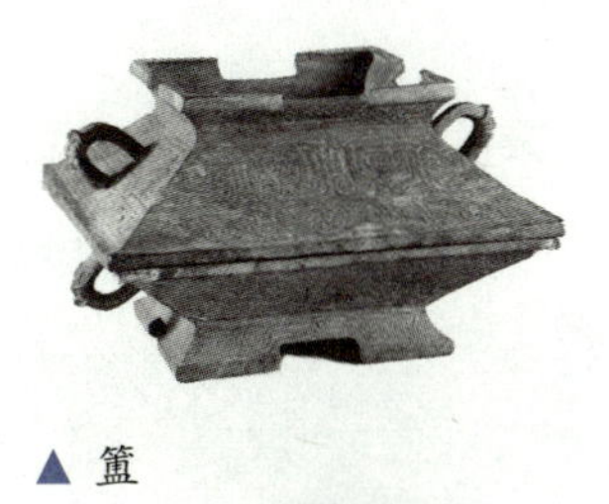

▲ 簠

▲ 簋

“夫孝，天之经也，地之义也，民之行也”，向父母尽孝，天经地义，是为人子女的职责所在。但在强调向父母恪尽孝道的同时，我们也反对愚孝。前文提到的《二十四孝》当中就有可以视为“愚孝”的例子，比如“埋儿奉母”的故事。故事说的是汉时有个叫郭巨的人，有幸生在富庶家庭，谁知父亲早逝，丧礼完毕，他将全部家当奉献出来分给两个弟弟，自己则独立供养

▲清·王素《郭巨埋儿》

母亲。郭巨成了贫困户之后，家里揭不开锅，老母亲常常省下口粮让给孙子吃。郭巨见状，觉得让母亲陷于贫困已是对她不起，此时又让自己的幼子分食母亲的食物，十分不妥。他几经寻思，想出了对策，认为等贫苦的日子过去了儿子可以再生一个，然而母亲却不可再得。于是郭巨决定把亲儿子埋了，节省下来的粮食可以供养母亲。可想他妻子如何暗自垂泪，却不敢忤逆丈夫的意思。幸而这个故事最终没有落得个孩子被埋的悲剧结局，因为上天被感动，郭巨夫妇在挖坑的时候发现坑里有一坛黄金，母亲幼子因此都得以供养。但手心手背皆是肉，如此孝道我们是不提倡的，这对孩子不公平，孩子又何尝不是无辜的生命。若没有神明赐予的那一坛黄金，这孩子怕是一早就成了那泉下冤魂，只当泪眼婆娑说与阎罗听。

“鸦有反哺之义，羊有跪乳之恩。”小乌鸦有衔食喂母鸦的情义，羊羔有跪下接受母乳的感恩举动，做子女的更要懂得孝敬父母，知恩图报！平时在生活中对父母要嘘寒问暖多关心，听从父母的正确教导，父母有事要尽心尽力去办，使父母开怀顺心，多体恤为人父母之心，这便是孝。除此若能“立身行道，扬名于后世，以显父母”，便是达到了“孝之终也”。也就是说为人处世能行正道并有所建树，显扬名声于后世，从而使父母荣耀，这就是孝的终极目标，是完满、理想的孝行。

君子务本，本立而道生。孝弟也者，其为仁之本与！

——《论语·学而》

手足情深，和乐融融

公元156年，这一年是东汉桓帝永寿二年，天下太平，没有发生什么大事。在山东曲阜，一个再也平常不过的日子，泰山都尉孔宙的家里，他的孩子们在分吃一盘梨。年仅四岁的孔融年龄最小，只见他走过去拿起最小的一个梨，把大梨都留给了哥哥。父亲孔宙注意到了这个举动，心里暖暖的，不露声色地问孔融："你为什么专拣小梨吃啊？你最小，理应受到哥哥的照顾，应该由你选最大的梨吃呀。"孔融大声回答："我是兄弟里最小的一个，按道理就应该取最小的梨吃，把大梨留给哥哥。"孔宙对这个最小的儿子刮目相看，他的哥哥也被感动了。这就是家喻户晓的"孔融让梨"的故事。主角孔融并非一般人物，他是孔子的二十世孙，也是日后扬名汉末文坛的"建安七子"之首，是汉献帝建安时期文学的代表人物之一。这个故事激励了一代又一代人，也经历过各种各样的改编和演绎，还被收入了宋代成书的《三字经》里，孔融也成为了童蒙学习的榜样。

▲ 孔融

孔融让梨的故事之所以能流传到今天，不断被人们传诵，是因为孔融处理兄弟关系的方式非常典型，遵从了中国传统礼仪。孔子曾经说过，做人是一定要讲求孝悌的，能够做到这一点就不会轻易冒犯长辈，让长者感觉不愉快。我们的古代社会是个宗法社会，讲求长幼有序，要求通过提高自身的道德修养来维护家族内部的和谐，而且将它放到比求知还重要的位置。《三字经》里就有“首孝弟，次见闻”一说。孝，指对父母要孝顺、服从；弟，即我们今天所说的“悌”，倡导做弟弟的要敬重兄长，尽力听从兄长的教导，做哥哥的也要像对待朋友一样善待弟弟，达到“兄则友，弟则恭”的理想状态。孔融让梨的故事非常典型，很符合“兄友弟恭”的礼仪规范，所以被世代传诵到现在。

其实在孔融之前，还有比他做得更好的榜样，那就是周公。周公姬旦是周文王的第四个儿子，他曾经忠心耿耿地辅佐兄长周武王讨伐商纣。周武王在灭商的第二年去世，当时周武王的儿子周成王继位，但是他还年幼，没办法治理国家。周公就担负起了辅佐周成王、代理政务的重任。当时流言蜚语满天飞，很多人认为周公权势极大，威望很高，说不定哪天就会篡位，一举取代周成王。但周公既不畏惧流言，也没有主动辞职，他依然忠心耿耿地辅佐周成王治理国家。他辅政七年，把首都从镐京（今陕西西安附近）迁到洛邑（今河南洛阳），还制定了一套完善的礼乐制度，正式确立了周王朝的嫡长子继承制。这些制度的最大特色是以宗法血缘为纽带，把家族和国家融合在一起，把政治和伦理融合在一起，

▲ 周公

这一制度的形成对中国封建社会产生了极大的影响，也奠定了周王朝繁荣昌盛的根基。后来周成王长大了，能够独立处理政务，周公就把权力全部移交给周成王，顺利实现了国家权力的平稳过渡和长治久安。周公一生的功绩被《尚书大传》概括为：“一年救乱，二年克殷，三年践奄，四年建侯卫，五年营成周，六年制礼作乐，七年致政成王。”

著名史学家夏曾佑说：“孔子之前，黄帝之后，于中国有大关系者，周公一人而已。”西汉文学家贾谊也对周公评价很高，说他是一个集大德大功大治于一身的人。确实如此，后世人们发现，周公不但是个才干过人的好弟弟，也是个忠厚睿智的好叔父，他尽心尽力辅佐自己的侄子，实际上也是对兄长周武王的拥护和尊重。周公的人格完美无瑕，兄弟之间的关系和感情非常融洽。他是孔子心目中的至圣至贤，是孔子在梦中都想学习的道德楷模。

与孔融和周公的例子相反，在中国历史上也曾发生过很多兄弟相争相残的事例，最著名的就是曹丕、曹植、曹彰等曹氏兄弟和唐太宗李世民、哥哥李建成、弟弟李元吉的故事。

曹植才华横溢，他的哥哥曹丕十分不舒服，曹丕称帝后怕有后患就一直想找个借口杀掉曹植，还逼迫他在七步之内写下一首诗，否则就要杀了他。幸好曹植才思敏捷，应声咏出这首著名的《七步诗》：“煮豆持作羹，漉菽以为汁。萁在釜下燃，豆在釜中泣。本自同根生，相煎何太急?”这才逃脱此劫。此诗曹植以萁豆相煎为比喻，控诉了曹丕对自己和其他兄弟的残酷迫害，非常形象。

▲ 魏文帝曹丕

历史上人们一直怀疑，曹丕的另一个弟弟——任城王曹彰就是被曹丕害死的。曹彰武艺过人，曹操问诸子志向时自言“好为将”，因此得到曹操的赞赏。魏黄初四年（223），曹彰进京朝觐魏文帝（曹丕），其间得急病，没过多久便暴毙于府邸中，追谥为威王，享年35岁。也许曹丕忌惮曹彰骁勇壮猛，使得曹彰英年早逝，虽然南朝宋刘义庆的《世说新语》一书也有记载，但究竟真相如何也是众说纷纭。像曹丕这样的行为，明显违背了儒家倡导的“兄友弟恭”的礼仪规范，所以后世对曹丕这方面的评价一直是负面的。

唐太宗李世民在做秦王的时候，跟随父亲李渊南征北战，军功卓著，在军队中积累了很深厚的人脉。而他的哥哥李建成作为太子，大多情况下都留守后方，筹措粮草，安民理政。时间久了，兄弟之间的力量平衡被打破，李世民实力逐渐强盛，相互之间冲突渐起，明争暗斗，李元吉甚至招募杀手想暗杀李世民，后来被李建成阻止而没有得逞。但双方的冲突从那以后越来越严重，直到李世民发动了玄武门兵变，杀死了李建成和李元吉。这是历史上非常惨痛的一幕，兄弟相争的教训也是血淋淋的。只不过后来的李世民成了唐太宗，治理国家非常开明，他统治下的唐王朝是当时世界上最辉煌的国家，所以人们没有深入追究他这段不光彩的历史。但每当提及如何处理兄弟关系，曹氏、李氏兄弟相残的故事和孔融让梨的故事，仍然是对比鲜明的例子，警醒和教育了一代又一代华夏儿女。

▲ 唐太宗

孔融让梨的故事发生了已经有一千九百多年的历史了，家长和学校的教育理念也发生了重大转变。就孔融让梨这件事来说，如果他的哥哥选

了大梨，是不是肯定不符合兄弟之间的礼仪规范？如果孔融生活在当下社会，作为弟弟的他选择了一个又大又好吃的梨，怎么引导他呢？这种情况是不可避免的，如何正确处理这件事，又能促使孩子人格的健康成长，需要大人的智慧。人们主张兄弟朋友之间要充满友爱，同时要勇敢地追求和实现自己的梦想，不违背自己的内心，更不能为了获得大人的赞赏而欺骗他人。一般认为，正确的做法是既要赞扬挑选了小梨的孔融具有友爱精神，又要赞扬他的哥哥勇于追求自己想要的。这样做，才能使得在“孔融让梨”这件事中的兄弟都获得精神上的鼓励和肯定，健康活泼地成长。

《论语·学而》中有言：“君子务本，本立而道生。孝弟也者，其为仁之本与！”君子立身有本，这个本就是道德。孝悌，就是指孝敬父母，敬爱兄长。孔子十分重视孝悌，认为其是道德之本，为人之本，是施行“仁”的根本。孝悌自古受到国人的重视，是中华民族的传统美德。《诗经·小雅·常棣》一诗是中国诗史上最先歌唱兄弟友爱的诗作：

> 常棣之华，鄂不韡韡。凡今之人，莫如兄弟。死丧之威，兄弟孔怀。原隰裒矣，兄弟求矣。……兄弟既翕，和乐且湛。宜尔室家，乐尔妻帑。是究是图，亶其然乎？

因常棣花开每两三朵彼此相依，诗人便生发联想以常棣之花喻比兄弟。“凡今之人，莫如兄弟”，这寓议论于抒情的点题之笔，既是诗人对兄弟亲情的颂赞，也表现了华夏先民传统的人伦观念。上古先民的部族家庭，以血缘关系为基础。在他

▲《三荆同株》砖雕

▲ 清·陈康侯《安居乐岁图》

们看来，“兄弟者，分形连气之人也”（《颜氏家训·兄弟》）。而“兄弟孔怀”就是指兄弟彼此之间非常思念、关怀的意思。南朝梁吴均《续齐谐记》中还记载了与此成语相关的一个感人的故事。

话说汉朝时，京城的田真、田庆、田广兄弟三人在一起生活，侍奉父母。有一天，他们共同商议把家里的金银珠宝、田地家产等都平均分成三份，每人一份。最后剩下种在堂前的那棵紫荆树，没有办法平分，怎么办呢？兄弟三人共同商议想要把树锯开，平分。第二天他们准备砍树时，那棵原本还枝繁叶茂的紫荆树却在一夜之间枯萎了，形状像被火烧过一样。田真看到之后，非常震惊，对两位弟弟说：“树本来是同根的，听到要将它砍断分开，所以枯死了，是我们人不如树木啊。”田真的两个弟弟都不禁悲伤得难以控制，也说不再分解树了。紫荆树听到田真兄弟的话后也随之获得生机，如先前那般繁茂。兄弟三人都被感动了，就把分好的财产又合在一起，再也不分家了，继续生活在

一起，和睦得像当初一样，成为当地人们所称道的孝悌之家。西晋文学家陆机为此赋诗："三荆欢同株，四鸟悲异林。"唐代大诗人李白感慨道："田氏仓促骨肉分，青天白日摧紫荆。"所以紫荆也便成了家庭和美、骨肉情深的象征。

《史记·五帝本纪》载："（舜）举八元，使布五教于四方，父义，母慈，兄友，弟恭，子孝，内平外成。"父亲仁义、母亲慈爱、哥哥友善、弟弟恭敬、子女孝顺，天下便和平安定了！相信这美好的图景是每个人都期盼的。

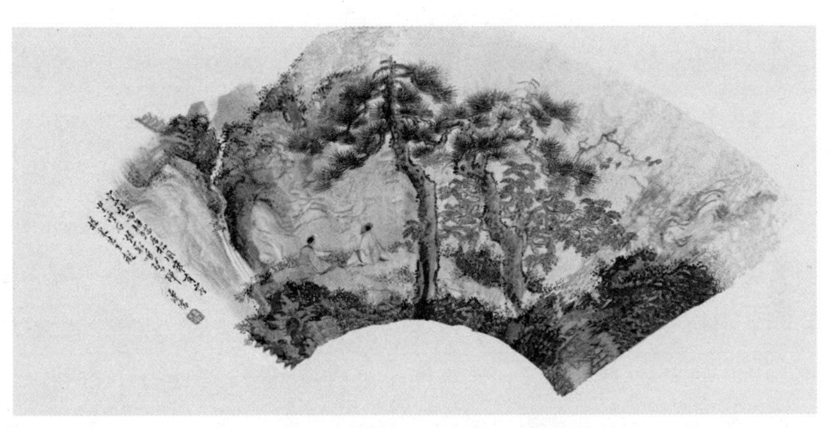

▲ 现代·溥儒《松下观瀑》

是故妇顺备而后内和理，内和理而后家可长久也，故圣王重之。

——《礼记·昏义》

妇顺家和，兴盛长久

元代话本里有一个故事，叫做《快嘴李翠莲》，如今编在《清平山堂话本》中，我们得以看见故事的全貌。李翠莲生在员外家庭，年方十六，“姿容出众，女红针黹，书史百家，无所不通”，出身好，相貌佳，典型的才子佳人小说里面的优质女性形象，人生命运看起来也一片光明。但李翠莲有点小毛病：“只是口嘴快些，凡向人前，说成篇，道成溜，问一答十，问十道百。”如我们所知，才女李翠莲有个坏毛病，民间俗称碎嘴，就是话多，而且出口成章，人前人后，口上编的说辞那是一溜一溜的，内容还不加文饰，有一说一，有二说二，骂人绝不绕着弯子来。在当下，你可以说这姑娘心直口快是个爽快人，而在古代，却真正印证了那句“祸从口出”的古训，这么一个好姑娘却没落得个安生结局。

李翠莲在嫁人前编了不少说辞安抚父母，先说夫婿好，又夸自己勤，如此天作之合怎能家庭不和睦。可二老是越听心越慌，他们也知道女儿好，但话多这个毛病改不了，现在还没出嫁就说了这么一大通，嫁过去那还得了。二老再三叮嘱女儿谨慎言语，李翠莲满口答应。临嫁前夜，李翠莲来到哥嫂门前，愤恨他们薄情寡义，不帮着张罗婚事，只顾着自己歇息。如此直来直

去连她哥哥都忍不住回道："你怎么还是这个样子？"第二天日头升起，她就逼着哥嫂来帮忙，哥嫂夫妻已有恼意。而李翠莲不失是个孝顺姑娘，她向父母说道："今日你们将我嫁，想起爹娘撇不下；细思乳哺养育恩，泪珠儿滴湿了香罗帕。"并在家堂祖宗面前诚心为氏族祈福。

李翠莲在出嫁路上，言语得罪了娶亲先生和媒婆子，导致那媒婆连喜酒都不愿意吃，放下她一溜烟跑走了，下轿拜堂都没人管。古时候拜堂成亲的礼仪章程之繁杂，今人恐难以想象，只第一条就激得性格直快的翠莲跳脚：亲友拥簇新人来到堂前要求新妇面西而立，娶亲先生说："请新人转身向东，今日福禄喜神在东。"李翠莲对这东转西转的礼俗很有意见，口无遮拦："才向西来又向东，休将新妇便牵笼。转来转去无定相，恼得心头火气冲。不知那个是妈妈？不知那个是公公？诸亲九眷闹丛丛，姑娘小叔乱哄哄。红纸牌儿在当中，点着几对满堂红。我家公婆又未死，如何点盏随身灯（即点在死人脚后的灯）？"很显然，"随身灯"触及了公婆的大忌，公婆听后十分震惊，怎么在这大喜的场合提这么丧气不吉利的话？

紧接着，礼仪先生按照习俗开始撒五谷在帐前帐后，念词中有一句"从来夫唱妇相随，莫作河东狮子吼"。李翠莲听罢一吼，口出恶言，将他打了出去。夜里洞房花烛夜，新郎官更是未上新妇的床，这真是奇之又奇。新郎先是被李翠莲的一番嘲讽话吓得不敢上前，端坐在桌子前，直至三更。李翠莲心想一直不让他上床的确不妥，于是让他过来，但又说倘若床上不规矩蹬着她一点儿，那便是个"死"字。新郎官吓坏了，一夜都不敢出声。

新郎家里的亲戚都看不惯李翠莲，大伯小姑都责备她，她也从不示弱，只说他们多管闲事，一茬一茬地顶了回去。公公听了这么多自家媳妇的短，于是想试她一试，让李翠莲烧茶来吃，李翠莲本就手脚勤快，一桩事儿办得妥妥帖帖，公公正想夸她，谁知她又说："姑娘小叔若要吃，灶上两碗自己拿。……二位大人慢慢吃，休得坏了你们牙。”公公劝说了几句，李翠莲顶嘴，公公于是断定她日后必将败坏门风，让儿子马上休了她。翠莲被一纸休书送回了娘家，爹娘却嫌她丢人，怕她在家里再有什么差误，惹得乡人耻笑。李翠莲倒也痛快，听罢此言不赖在娘家，自去剃发，一身袈裟，从此凡俗不能扰她，独自浪迹天涯。

我们以前读到这篇小说，认为它是“市民女性反抗封建社会对女性压迫和女性争取独立人格的经典范本”，说个性鲜明的李翠莲嘴快不饶人，她向代表封建统治秩序和尊严的父母、兄嫂、媒人、丈夫、公婆等公然表达自己的意见与不满，最后不被人们所喜爱接受，惹怒家人和公婆，最终出家为尼，“体现了她鲜明的叛逆性格和独立的个性精神”。但实际上，在传统社会里，这样“没规矩、没家法、长舌顽皮村妇”是很难见容于生活之中的，现实社会里同样很少有人能够接受得了快嘴李翠莲这样的妻子，这跟是不是“反封建”似乎关联不大。

▲ 宋·佚名《女孝经图》(开宗明义)

传统婚姻的重要任务之一，就是为家庭选择一位下可以相夫教子，上可以奉养老人的女主人。这位女主人要遵从多种德行，不仅要与家庭中的女眷和睦相处，还要懂得操持家务。《礼记·昏义》有言：

> 夙兴，妇沐浴以俟见。质明，赞见妇于舅姑，妇执笲枣、栗、段脩以见。赞醴妇，妇祭脯醢，祭醴，成妇礼也。……成妇礼，明妇顺，又申之以著代，所以重责妇顺焉也。妇顺者，顺于舅姑，和于室人，而后当于夫，以成丝麻布帛之事，以审守委积盖藏。是故妇顺备而后内和理，内和理而后家可长久也，故圣王重之。

在婚礼完成的第二天，新妇就要早早起身，梳洗干净，手捧装有枣、栗、肉干的器皿在公婆门口等候。进而要以一只煮熟的小猪行拜见之礼，表示自己已经开始奉行孝养的职责。在第三天早上新妇要亲自下厨，侍奉公婆

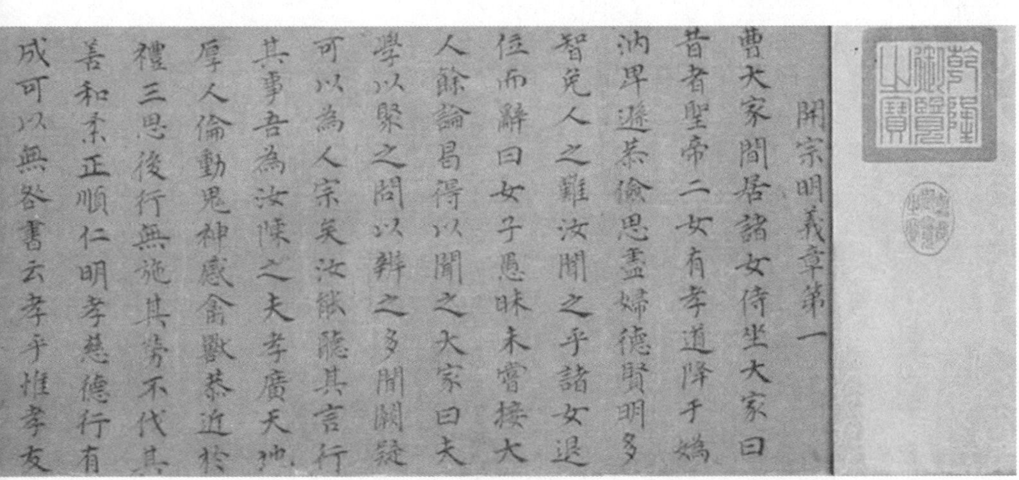
開宗明義章第一
曹大家閒居諸女侍坐大家曰
昔者聖帝二女有孝道降于嬀
汭卑讓恭儉思盡婦德賢明多
智免人之難汝聞之乎諸女退
位而辭曰女子愚昧未嘗接大
人餘論曷得以聞之大家曰夫
學以聚之問以辨之多聞闕疑
可以為人宗矣汝能聽其言行
其事吾為汝陳之夫孝廣天地
厚人倫動鬼神感禽獸恭近於
禮三思後行無施其勞不伐其
善和柔正順仁明孝慈德行有
成可以無咎書云孝乎惟孝友

▲ 宋·佚名《女孝经图》(事舅姑)

进食，完成为人媳妇之礼，表明媳妇顺从公婆的心意，又显示了媳妇此后将接替婆婆料理家务。所谓媳妇的孝顺，就是要顺从公婆，使家人关系和谐，这样才适合于丈夫。媳妇具备了顺从的德行，家庭才能和谐安定；家庭和谐安定了，这个家才会长久兴旺，所以圣王特别重视妇顺之德。

古时对妇女的顺从有极严的要求，认为妇顺关乎家庭内部的和谐稳定，而这种家庭内部的安定进一步使得家族的发展兴盛长久，因此贤明的君主很重视妇顺之德。像李翠莲这种具有强烈反叛精神的妇女是为旧式家庭所不容的，因为作为妇德最重要的一条——顺从，李翠莲就办不到，总要为家庭对妇女的不合理压迫吼上两嗓子。其实在出嫁前的三个月，这种新娘礼仪教育就开始了，按女性身份分别在公宫或宗庙进行。女师教以待嫁女子妇德、妇言、妇容、妇功。妇德就是贞顺，妇言谓辞令，妇容讲求仪态，而妇功则是手艺。哪怕李翠莲手艺再完美，仪态再端庄，前两条她也是不符合的。婚前教育完成之后，还必须举行教成的祭礼，以告禀祖宗，这位女子已经可以出嫁了。告祭之礼中用的祭品，都是鱼和水草一类阴性的水中之物，以此来寓意使得妇女更加顺从。

婚姻理念和礼仪其实也是发展演变的，古时候讲求“夫妇顺”，现在看来也是有积极意义的。夫妇关系本就应该和顺和美，夫妻二人互相支持，互相

帮助，共同进步，赡养父母，抚育子女，共建美好家园。维系现代家庭的关键在于，夫妻之间要人格平等，机会均等，不要“夫为妻纲”，搞成人身依附关系，这样是不利于家庭和睦的。我们都知道，家庭是组成社会肌体的重要细胞，所以是决不能出现大面积“坏死”的。

▲ 清·吴求《豳风图·缝衣图》

> 夫妇之道，参配阴阳，通达神明，信天地之弘义，人伦之大节也。是以《礼》贵男女之际，《诗》著《关雎》之义。
>
> ——汉·班昭《女诫·夫妇》

伉俪和乐，相敬如宾

幸福美满的婚姻是以什么为基础的？或许大多数人会以物质基础作为衡量的重要标准，将是否“有钱”看得相当重要，所谓“贫贱夫妻百事哀”，是人们基于生活经验的感叹。当妻子为柴米油盐叉腰瞪眼地跟丈夫争得面红耳赤时，抑或当丈夫为了生计向别人点头哈腰时，都是多么锥心刺骨又无比切肤的痛。这不仅仅是夫妻婚姻的问题，而是关系到子孙繁衍生息、赡养扶助老人、家庭事业发展的问题。所以一定的物质基础对维系和谐的夫妻关系相当重要，但并不是说这是第一位的。

▲ 诸葛亮

处于第一位的应该是夫妻双方互相之间的尊重。传奇人物诸葛亮的婚姻生活恰好说明了这一点。以前人们只关注诸葛亮用兵如神、治国理政的杰出才能，但其实有所不知，他的成功与贤内助不无关系，夫妻关系和洽，为他的事业如虎添翼。

据《三国志·诸葛亮传》记载，诸葛亮

“身高八尺，容貌甚伟”，更兼有“逸群之才，英霸之器”，可谓才貌双全，向他求婚者甚多，然而他却娶了个远近闻名的丑女黄月英。此女黄头发黑皮肤，后来传得神乎其神，据说是原本貌美因邻女忌妒而遭谗毁，不知真假。暂不论黄月英的容貌究竟如何，她是个德才兼备的女子，这点很关键。据言诸葛亮从妻子的巧术中悟出“木牛流马”这一运输工具，为行军运粮提供了极大的便利。退一步讲，即使黄月英貌丑配不上诸葛亮，但他不慕美色而娶了月英，必然是慧眼识珠，月英也定当有过人之处。德，肯定是放在第一位的。能娶这样一位贤德的女子，诸葛亮事业的成功便能理解一二了。就像《中庸》所说：“君子之道，造端乎夫妇。及其至也，察乎天地。”夫妇之道和乐与否，是一个人能否成就一番事业的开端，何况是那些成大事者。

▲ 木牛流马(后人仿制)

《后汉书·梁鸿传》记载了“举案齐眉”的典故，主人公梁鸿和孟光称得上是夫妻恩爱、相敬如宾的典范。梁鸿，字伯鸾，是东汉时扶风平陵的名士。其幼年丧父，家境贫寒，但文章人品却为人称颂，凭借自己的刻苦努力考取了当时的最高学府——太学。乡里乡外的权贵之家，慧眼识人，都想把自己的女儿嫁给他。梁鸿却总是婉言拒绝，导致人们都好奇他心中的合适人选究竟是什么模样。同县有孟氏之女，形象大抵是当下价值判断中的“女汉子”“大龄剩女”之流，且看《后汉书·梁鸿传》中对孟光的记载：“状肥丑而黑，力举石臼，择对不嫁，至年三十。”又肥又丑且黑，力气还很大，而且已经三十岁了，还不肯轻

▲ 清·陈康侯《举案齐眉》

易嫁人。父母心急如焚，询问缘故，孟女说：“欲得贤如梁伯鸾者。”她想嫁给当时众人相中的如意郎君梁鸿，显然是毫不畏惧流言、勇敢追求爱情之人。更难得的是，“鸿闻而聘之”。此话传到了梁鸿的耳里，当时已有不少人家敬慕梁鸿的高风亮节，想将女儿嫁给他，梁鸿都谢绝了，但当他听到孟光的志向后，却主动请人去行聘。婚后的生活很关键，因为这对组合相当特殊，并不符合“郎才女貌”的传统婚姻审美趣味。

嫁入梁家之前，孟光准备好的嫁妆是纺麻织布的工具。但是正式出嫁时她却用隆重华丽的衣饰装扮自己。梁鸿见此情景七天七夜不搭话，孟光不明所以，向丈夫请罪。梁鸿说，我要娶的是一个能够与我过布衣蔬食生活、一起隐居深山老林、不受世事叨扰的贤妻，而现在的你浓妆艳抹、华装艳服，根本不是我理想中的妻子，我大约是看错你了。孟光说，我之所以这样做，只不过是特意考验一下你的志向而已，我当然有一套能够跟你共度隐居生活的服饰。于是孟光脱去华服，换上布衣，拿出织布机，熟练地操作起来。梁鸿大喜：这才真的是能与我同甘共苦、共度一生的妻子。

这对夫妇组合令人称道的地方在于，无论是饱读诗书的梁鸿，还是其貌不扬的孟光，都识见不凡，对婚姻生活和终身大事有清醒的认识，绝不是匹夫匹妇所追求的那种生活。梁鸿看重的是一个能与自己志同道合、同甘共苦

▲ 宋·马和之《书画孝经》局部

的妻子，而孟光的人生理想也是耕读传家，追随夫君避居于世外，不慕荣华富贵，所以她准备了两套服装，借此试探梁鸿。结果是非常理想的，两人一拍即合。孟光立即换上隐居用的布衣、麻屦，与梁鸿去往深山过着那吟诗鸣琴、男耕女织的和美生活了。

梁鸿、孟光夫妻为后人所称道的在于日常生活中的“举案齐眉”。“每归，妻为具食，不敢于鸿前仰视，举案齐眉。”夫妻俩一直互相尊重，安贫乐道，每次吃饭，孟光将食案举得跟自己眉毛一样高，表示尊敬自己的丈夫。大家皋伯通认为，能让妻子敬重如此之人，必定有过人之处，于是以礼相待，梁鸿得以潜心著述。“举案齐眉”流传后世便成了婚姻美满的代名词。

然而，在我们社会的传统里，古来即有之事实确实记载了很多性别不平等的现象，在家庭和夫妻关系中，很容易将风险和苦痛向更为弱势的群体转移。对妻子的要求是“三从四德”。“三从”指的是“未嫁从父，既嫁从夫，夫死从子”。这是男权社会的深刻写照。兴许这种纲领一定程度上维持了封建家庭的稳定，但与其强调顺从，不如说“举案齐眉”的故事中所表现的那种尊重和爱敬，才更值得被弘扬歌颂。“相敬如宾”的处世哲学到现在仍旧对我们有所启发。尊重对方的人格、兴趣、意志、理想等等，把对方当作独立的人来看待，是一种义务，也是一种修养。梁鸿志在隐遁山野，如果孟光不尊重他的志趣，不免要埋怨他没有追求，让自己过着苦日子。而古时文人的贤内助大都不具有她们丈夫那般的才华和志趣，这些平凡的女人有些根本不通诗书甚至目不识丁，但她们能够尊重丈夫的志向，与他同舟共济，安守清贫，就可以称之为伟大了。如苏轼的第二位妻子王闰之，陪伴他历经乌台诗案、黄州贬谪，二十五年跌宕浮沉，在苏轼最困难的时日，王闰之一直陪伴左右，与他一起耕田劳作，全无怨言。所以在闰之去世后苏轼悲痛欲绝，直呼“惟有同穴”。

如何处理好夫妻关系，是亘古不变的议题。东汉班昭在《女诫》里说：

> 夫妇之道，参配阴阳，通达神明，信天地之弘义，人伦之大节也。是以《礼》贵男女之际，《诗》著《关雎》之义。由斯言之，不可不重也。夫不贤，则无以御妇；妇不贤，则无以事夫。

夫妇的大道，可以和阴阳参立配合，能够与神明相通。它实在是天地间的大义，人伦中的大节。因此《礼》看重男女之间的交往，《诗经》张扬《关雎》诗篇中男女互相恋慕的内容。由此而言，夫妇之道不可不高度重视了。丈夫如果不贤明，就不能管住妻子；妻子如果不贤明，就不能很好地侍奉丈夫。这跟前面《中庸》的说法异曲同工，夫妻关系和顺，非常重要。“夫不贤，则无以御妇；妇不贤，则无以事夫”，虽然在现在看来“御妇”和“事夫”依然有夫妻男女地位差异的影子，但在男女人格、地位平等的时代，这不是问题，问题的关键是如何做到“夫妇俱贤”，这是夫妻双方共同的修为。《礼记·昏义》中说：

敬慎重正而后亲之，礼之大体而所以成男女之别，而立夫妇之义也。男女有别，而后夫妇有义；夫妇有义，而后父子有亲；父子有亲，而后君臣有正。故曰："昏礼者，礼之本也"。

举行婚礼，敬谨、审慎、尊重、正规，然后夫妇相亲相爱，这是礼的要点，同时形成男女之间的分别，建立起夫妻之间的道义。男女有别，而后确保夫妇之间有道义；夫妇之间有道义，而后父子之间能亲和，而后才有正确的君臣关系。所以说："婚礼，是礼的根本。"

可见夫妻礼仪被摆在了多么重要的位置，儒家非常重视夫妇关系的教化意义，认为这是"人伦之始"和"王化之基"，家国一体，国是家的扩大，社会规范是家庭伦常的延伸。所以孔子说："君子之道，造端乎夫妇。及其至也，察乎天地。"孔子特别强调要尊敬妻子，他说："昔三代明王之政，必敬其妻子也有道。妻也者，亲之主也，敢不敬与？"夫妇和睦，相敬如宾，琴瑟和鸣，这是家庭幸福的关键和源泉。所谓"上有老，下有小"，一对夫妻既要赡养老人，又要抚育子女，养家糊口的责任重大，夫妻关系不和谐是很难担此重任的。沐浴在充满爱的家庭中，其子女的性情必能有良好的发展。

▲ 清·陈康侯《和乐融融》

第二章 社交礼仪

勤慎忠恕　端严诚敬

爱幼

交友

行为

敬贤

尊师

结义

外交

送别

举止

谢罪

见面

书信

称谓

尊师重道

古之学者必有师，师者，所以传道受业解惑也。

——唐·韩愈《师说》

尊师重道，流芳百世

众所周知，孔夫子最喜爱的弟子是颜回，也就是颜渊。谈仁论礼总偏冷，万世师表太端方，而细读《论语》中孔子与颜回的师生故事，圣人变得血肉充盈，甚至温情脉脉起来。颜回是一个谦和良善之人，孔子在《论语》中赞美他从不吝啬言辞：颜回好学，不迁怒别人，同样的过错从来不会犯第二次；颜回高尚，期月不离仁德，其他人数日而已；颜回安贫，居于陋巷，箪食瓢饮，依然不改其自有的快乐；颜回还勤勉，志学而从不懈怠，只见其前进，未见其停止。孔子提起这个学生，就要得意地夸赞一番，再为他的薄命伤感一番："贤哉回也"，"今也则无"！颜回多么好啊，今日可再也没有了。

▲ 颜回

颜回聪敏过人，虚心好学，使他较早地体认到孔子学说的精深博大，他对孔子的尊敬已超出一般弟子的尊师之情。《论语·子罕》中记载，他称赞夫子：

仰之弥高，钻之弥坚，瞻之在前，忽焉在后。夫子循循然善诱人，博我以文，约我以礼，欲罢不能。既竭吾才，如有所立卓尔。虽欲从之，末由也已。

▲孔子

颜回十分敬仰孔子，深情地赞扬老师高不可攀的学问和品德，越是仰望越觉得高大，越钻研越感觉深奥坚实，眼看着它在前面，忽然好像又到了后面。老师善于一步步引导教育弟子，用渊博的知识来使我有文采，用礼仪制度来约束教导我，使我想停止前进都不可能。我已经用尽我的才能和心力，似乎看见老师卓然而立在眼前。但想要追寻老师继续前行，却又感觉不知如何跟从了。颜回发自肺腑的话语，表现出孔子渊博的学识和诲人不倦的美德。弟子眼中的老师，真可谓“高山仰止，景行行止”！

颜回经常请教老师，什么是仁，如何治国，说自己虽然不聪明，也要好好践行老师所说的话。在孔子问及弟子们的志向时，子路是个豪迈直爽的人，他愿意将他的车马衣服分享给朋友们，即使他们用坏了也毫无怨言。谦卑和顺的颜回则说：“愿无伐善，无施劳。”希望既不夸耀自己的好处，也不彰显自己的功劳。孔子在匡这个地方被囚禁起来，他身受牢狱之灾时心心念念着的是自己这个得意门生，似乎见颜回一面就能得到些许宽慰。结果颜渊最后才来，孔子半嗔半喜地说：“我以为你是死了。”颜回恭敬地回答：“您还活着，我怎么敢死呢？”

后来这位谦顺温良的君子的确死在了自己老师之前。孔子恸哭几日，旁人都看不下去了，连连劝他不要太过伤心，对身体不好。而孔子却不听劝，他道："不为这样的人伤心，那还能为谁伤心呢？"他不仅失去了自己最喜爱的弟子，也失去了一个朋友，一个知己，同时他还为世人失去一个好学的贤者而悲哀。每每想起这位弟子平日里侍立在侧、静聆教诲的谦和模样，孔子就不禁潸然泪下，世上再无此人也，再无人能理解自己的心意。孔子仰天俯地，悲恸不止："老天爷这是要亡我啊！老天爷这是要亡我啊！"这般相待，其中富含的感情，已经远逾普通的师生之情了。

孔子也并非全面褒扬颜回，对他也有微词。《论语·先进》里面有一个有趣的记载，孔子说："颜回这个人不是对我有帮助的人，因为他对我的话没有不喜欢的。"说出这话的时候孔子内心应是相当矛盾的，他喜欢颜回敬而不违，又主张"教学相长"，颜回一味地顺从，对孔子的思想发展并没有多少益处，所以他才说出这样的话来。

▲ 明·仇英《孔子圣绩图》局部

颜回死后发生了两件事。一是孔子门人想要厚葬颜回，但孔子不许，认为颜回家中穷困而用厚葬不合礼。弟子们不顾他的反对，仍然将颜回厚葬了，孔子却悲叹道："你视我如父亲一般，我却不能像对待儿子一样地对待你。这不是我的意愿，你要怪就怪你那群同学。"第二件事是颜回的父亲请求孔子卖掉自己的车子，为颜回的棺置办外椁。孔子说自己的儿子孔鲤死的时候就有棺而无椁，不论有没有才能，那毕竟是自己的儿子，再加上他曾经做过大夫，是不能够步行的。今人看这两个故事，或许会觉得孔子多少有点不近人情，颜回生前贫苦，死后还不允其厚葬，又因为自己大夫的脸面不肯卖掉车子步行为颜回置办外椁。事实上并非如此，须知孔子把“礼”看得十分重要，其位置可与“仁”相当，是不可轻易逾越的。既然可以杀身成仁，那么为了成全礼数牺牲这些末节又有何不可呢？孔子恰恰是为了保全颜回的名节，生前不违仁礼，死后也当如此，或许这正是孔子知悉颜回的意愿而代为之。

▲ 明·仇英《程门立雪》

另外还有一个家喻户晓的尊师重道的故事，叫做程门立雪。宋朝有个叫杨时的人，天赋异禀，潜心经史，进士及第，拜当时的理学大家程颢为师，师生相处很好。杨时回家的时候，程颢目送他离开，感叹道：“我的道也随着去南方了。”程颢去世之后，杨时在寝房设灵位为老师哭祭。杨时四十岁时又到洛阳拜见程颢的弟弟程颐。一日，他约了同学游酢一起去向老师请教，谁知来得不巧，程颐正在午睡。两个人就立在门前等候，哪想突然天昏日暗，大雪如絮。两个人冻得不断搓手呵气，但仍然不愿意打扰老师休憩。待到程颐醒来急忙唤他们进来时，两人落雪满头，屋外的积雪已有一尺厚了。后来，杨时的德行和威望一日比一日高，四方之士都不远千里与之交游，世称其龟山先生。

师生关系在古代也有一套礼仪规范。《论语·述而》记载，孔子说：“自行束脩以上，吾未尝无诲焉。”脩，干肉，又叫脯。每条脯为一脡，十脡为一束。束脩就是十条干肉，是古人初次见面时的薄礼。在《周官》之《膳夫》和《腊人》篇，都有掌管干肉生产和制作的职官，就是“膳夫”和“腊人”。

周代自有其官学体系，但孔子开创了私家讲学之风，那么其在招徒授业

▲ 唐·阎立本《孔子弟子像》局部

之时，势必也需要一套合适的、简要的拜师礼仪，以示郑重其事，这也是人之常情，古今一理。孔子提出的要求非常简单，只要“自行束脩”，他就欣然接纳其为徒，尽心教诲。这里可能会被不知情者误解为孔子向学生索取见面礼，认为有损师道尊严。根据历代注家的解释，结合我们自己的理解，孔子这样做有两个意义。

一是建立和遵循一套师徒授受之礼，弟子要从孔子求学，不能随便来去，要有仪式，表示庄重严肃地拜师求学。仪式能让人心生肃敬。那么孔子接纳和教授弟子，也要通过礼仪完成纳徒的环节，不能随意而为。所以《礼记·曲礼上》说：“以脯脩置者，左朐右末。”弟子带着“束脩”去拜师，并不是把干肉交给老师就行了，而是有一套仪式的，“左朐右末执之”，敬献给老师。所谓“左朐右末”，是将干肉从中间对折，这部位叫“朐”；两头对齐，这部位则叫“末”，然后捆扎起来。学生拜见老师，手执干肉，左手持“朐”这一部分，右手持“末”这一部分，还是很有讲究的。所以，我们首先理解，孔子这里所说，是一套拜师的礼仪。

二是古代老师授业，有个“来学”和“往教”的问题。《周易·蒙卦》卦辞云：“匪我求童蒙，童蒙求我。”不是老师去向童蒙传授学问，而是童蒙到

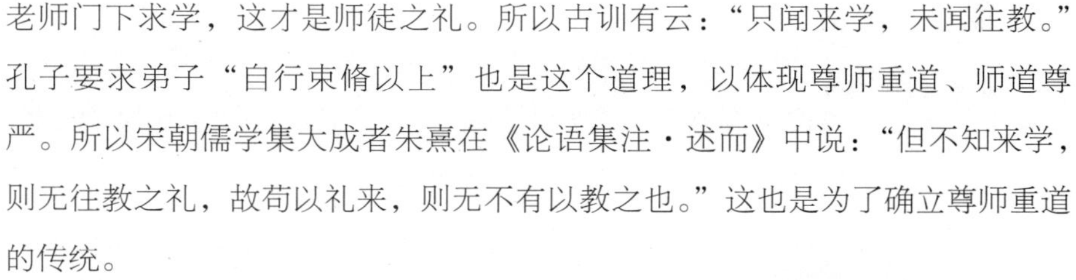

老师门下求学，这才是师徒之礼。所以古训有云：“只闻来学，未闻往教。”孔子要求弟子“自行束脩以上”也是这个道理，以体现尊师重道、师道尊严。所以宋朝儒学集大成者朱熹在《论语集注·述而》中说：“但不知来学，则无往教之礼，故苟以礼来，则无不有以教之也。”这也是为了确立尊师重道的传统。

在古代，于日常教与学的活动中，学生姿态要谦恭，性情要良孝，容色要端正，晚睡早起，朝暮学习。早上要比老师早起，摆好盥洗器具和讲席。受业的过程中，由长及幼。言行恪守中和之道，有所疑难，拱手提问。老师先出，学生即起。中午用饭之时，老师用餐，学生需要跪坐着将饭菜献给师长。老师吃完后，学生方撤下食具，然后进行打扫。黄昏时要为老师执火照明，当一人疲倦了由另一人接替，不可背向老师。当老师要休息了，学生都要起来服侍老师，恭敬地奉上枕席，并问老师脚向哪个方向。当老师睡去，学生还需要聚在一起互相切磋学习，加深对义理的理解。如此每日周而复始，就是学生要遵守的准则了。

当然，师生之礼是随着时代进步变化的，我们不必墨守成规，但内心的“敬”是必不可少的。所谓“礼主敬”就是这个意思。

欲见贤人而不以其道，犹欲其入而闭之门也。夫义，路也；礼，门也。惟君子能由是路，出入是门也。

——《孟子·万章下》

礼贤下士，美名远扬

与孟尝君、平原君、春申君并称“战国四公子”的魏国信陵君魏无忌是一位宽容仁厚、礼贤下士的军事家。魏国有隐士名叫侯嬴，年龄已逾七十，家中一贫如洗，因此做着大梁东城门的守门小吏。信陵君听说了就派人前去请他，并赠他一份厚礼。侯嬴辞不肯受，说：“我这数十年修养品性，洁身自好，终究不能因做看门人的困窘而接受公子的赠礼。”信陵君于是大设酒席，宴请宾客。参加酒席的宾客坐定，信陵君就驾着车马，将左边的位置空出来，亲自去东城门迎接侯嬴。侯嬴整了整他一身敝衣旧帽，上车就坐在了信陵君空出来的左边的位置。古代乘车以左为尊位，侯嬴是想借此观察信陵君的反应。谁知信陵君手握缰绳，愈加恭敬。侯嬴又道：“我有客人在街市的屠宰场，委屈您驾车经过那里。”信陵君二话不说引车入市，侯嬴下车见他的客人朱亥，故意站在那里与客人交谈良久，用余光打量信陵君。谁知信陵君愈加和颜悦色，未见烦怒。

▲ 信陵君

与此同时，酒席上王侯将相高坐满堂，等着信陵君举

酒开宴。车马一路驶来，市井之人皆看见信陵君手执缰绳亲自驾车，信陵君的随从皆暗骂侯嬴不知好歹。侯嬴见信陵君始终面不改色，就辞别客人上了车。到家后，信陵君亲引侯嬴至上座，并向全体宾客赞扬侯嬴的品德。满堂皆惊，不知这是何许人也。酒至酣时，信陵君起身，酒杯递至侯嬴面前，祝他长寿。侯嬴因而对信陵君说："我今天为难公子够多了，我只是东门的一个看门人，而委屈公子亲驾车马，迎我于大庭广众之中。集市不是公子这样身份的人该去的地方，公子也屈驾随我去了。我想借此成就公子的名声，所以让公子的车马久留街市，来往之人都在看您，而您却愈加谦恭。集市上的人都把我当作小人，而赞美公子能礼贤下士。"酒席散后，侯嬴就成了信陵君门下上宾。

这就是《史记·信陵君列传》中所记载的信陵君礼贤下士的故事，成语"虚位以待"典出于此，用以表达对贤才的渴求。后来在"窃符救赵"一役中，侯嬴果然进献妙计使赵国得救，同时也成全了信陵君高义之名。其实唇亡齿寒，救赵国又何尝不是魏国自救呢？因为信陵君"不敢以其富贵骄士"，待身份低微的侯嬴为上宾，这种礼贤下士的真诚打动了侯嬴。"士为知己者死"，侯嬴甘愿为信陵君献身，"北乡自刭"，万死不辞。

春秋战国时期，天下纷争，人才对一个邦国来说极其重要，而且人才的多样化更加凸显，所以"鸡鸣狗盗"之徒也可作为人才储备。这说的是同为"战国四公子"之一的齐国孟尝君。孟尝君最成功的礼贤下士的案例是他厚待门客冯谖的事。冯谖也是齐国人，生活非常贫困，几乎无法自谋生路，就去托人求孟尝君，说愿意做个食客。孟尝君问："客人有什么爱好？"来人回答说："他没有什么爱好。"孟尝君又问："客人有什么才能？"来人回答说："他没有什么才能。"孟尝君笑着接受了他，说："好吧。"孟尝君身边的人以为孟尝君瞧不起冯谖，便拿粗劣的饭菜给他吃。结果冯谖不知感恩，反而"得寸进尺”，他三番五次地靠着柱子弹剑唱歌，表达了对衣食粗劣和出行条件差的不满，希望提高人才待遇标准：吃饭要有鱼，出门要有车，要能够奉养老母。孟尝君得知后派人解决了冯谖的所有需求，安顿好了冯母的生活，于是冯谖不再弹剑唱歌了。

后来孟尝君出了一个通告，询问家里的食客们，谁熟悉会计工作，替他到薛邑去收债。冯谖自告奋勇，孟尝君竟然记不得这个人了，在左右的提示下才想起就是那个弹长剑歌唱“长铗归来乎”的门客。孟尝君笑着说：“客人果真有才能啊，我对不起他，以前不曾接见他。”便特意把冯谖请来，向他道歉并委以重任。告辞的时候，冯谖问：“债款收齐了，用它买些什么回来？”孟尝君说：“看我家里缺什么就买些回来。”结果冯谖赶到薛邑，召集欠债的老百姓核实借契后，以孟尝君的名义当场烧毁，老百姓们欢呼万岁。冯谖回到齐国复命，说他收齐了欠债并给孟尝君买了“义”回来。孟尝君虽不高兴，但宽容并隐忍了冯谖的所作所为。过了一年，孟尝君被齐王罢免，回到封地薛邑。结果薛地百姓扶老携幼离家一百里夹道欢迎，孟尝君非常感动，对冯谖说：“先生给我买的义，今天真的见到了。”获得了孟尝君的信任后，冯谖大力展示了个人的才智，出谋划策，提出了“狡兔三窟”理论，为孟尝君营造了进可攻、退可守的从政道路，大力巩固孟尝君的政治地位，使其免于陷入伴君如伴虎的窘境。

▲ 孟尝君

孟尝君给冯谖五十辆车，五百斤金，往西到梁国去游说。冯谖对梁惠王说：“齐国把它的大臣孟尝君放逐到诸侯国来，诸侯国中首先迎接他的，就会国富兵强。”于是梁惠王把相位空出来，让原来的丞相做上将军，派遣了一个带着一千斤黄金重礼、随

行一百辆车的庞大使团去聘请孟尝君。冯谖提前赶回齐国提醒孟尝君坚决推辞。齐国君臣都惊慌害怕起来，就派遣太傅送一千斤黄金、两辆彩车、一把佩剑，封好书信向孟尝君道歉，希望他继续为齐国效力。冯谖提醒孟尝君，要将齐国先王的宗庙迁到薛地，宗庙建成后，冯谖报告孟尝君说："三个洞穴都已凿成了，您可以暂且高枕而卧，安心享乐了！"此后孟尝君做了几十年的齐相，均是因为冯谖谋划的成功。这就是"知遇之恩"的丰厚回报。

▲ 蜀主刘备

所谓知遇之恩，是用人者以适当的甚至超常规的礼节接待人才，人才竭尽所能施展个人才华，报答这种礼遇。另一个著名的例子就是刘备"三顾茅庐"的故事。曾有这么一个戏说，汉室宗亲刘玄德需要诸葛亮辅佐其安邦定国，不惜三顾恭请卧龙先生，诸葛亮又何尝不需要这位刘皇叔呢？他身怀倾世之才，自比管仲、乐毅，难道甘心安守卧龙岗下的半亩桑田，就此籍籍无名半生耕耘？其实未必，孔明先生做好了一切准备，他使自己贤名在外，他未出门槛半步却知天下之事，刘备与他隆中一夜长谈就有鱼水之叹，"孤之有孔明，犹鱼之有水也"。刘皇叔这三顾之诚却不是人人都可以做到的。

刘备第一次来到隆中，听到陇上农夫在唱歌，歌词颇为不俗，一问方知是卧龙先生所作，刘备更是急不可耐地想见上这位卧龙先生一面。先生居处高岗流水，修竹翠屏，苍猿野鹤，一派幽雅，果然不是凡人住的地方。刘备拜见孔明，对门前小童说："汉左将军宜城亭侯领豫州牧皇叔刘备，特来拜见先生。"小童质朴天真，说："我记不得许多名字。"刘备心想，大胆狂徒居然连我的大名都不知道，但按捺下来，脸上笑笑，又问孔明行踪。童子说得高

▲ 清·黄山寿《三顾茅庐》局部

妙，不知去了何处，归期亦不定，或三五日，或十数日。这换作一般莽夫闻言定要动手，刘备却不，只惆怅不已暂且归去。

第二次刘备再访孔明，不巧天降大雪，朔风凛冽，山林树木一片玉簇银妆。雪下得紧，张飞不高兴，说："那诸葛孔明就一山野村夫，何必哥哥自己来，使人唤来便可以了。"刘备呵斥他："孟子说过'欲见贤人而不以其道，犹欲其入而闭之门也'。我必须自己来，怎么可以召见呢？"这一行先是遇到孔明的两个朋友，姿态甚高，不愿与他结交。刘备憋着一肚子火来到隆中，还是没见到本尊，只碰上了他的弟弟，江东孙仲谋的幕僚。刘备向他问起兄长，他说在闲游。刘备心想他倒是清闲，又问在何处？答曰："或驾小舟游于江湖之中，或访僧道于山岭之上，或寻朋友于村落之间，或乐琴棋于洞府之内：往来莫测，不知去所。"刘备心中波涛汹涌，几欲发作，又敛了心神，面上波澜不惊，写成一书留给孔明，谦卑殷勤，又拜辞而出。"玄德风雪访孔明"后来成为一段佳话。

后来三访隆中，刘备才见到这位声名在外如雷贯耳的卧龙先生。他们各抒其志，诸葛亮腹中经纶，舌上风雷，刘备有解救受苦受难天下百姓的志向，两人倾谈，最后皆是泪满襟袍。《出师表》云："臣本布衣，躬耕于南阳，苟全性命于乱世，不求闻达于诸侯。先帝不以臣卑鄙，猥自枉屈，三顾臣于草庐之中，咨臣以当世之事，由是感激，遂许先帝以驱驰。"

礼贤下士的方式很多，首先还是尊重，其次自然要提供丰厚的物质待遇。即使力有不逮，暂时无法提供物质条件，也要力所能及地解决。这是诚意姿态的表现，不得不慎重。

老吾老，以及人之老；幼吾幼，以及人之幼。

——《孟子·梁惠王上》

对子骂父，则是无礼

我们祖辈传下来的老规矩，要求小辈尊敬长辈，学生尊师重道，子女孝顺父母。做得好的会被交口称道，做得差的要受到舆论谴责。那么，同样的道理，长辈对待晚辈有没有礼仪方面的要求呢？传统礼仪中大多数针对的对象是下级对上级、晚辈对长辈、子女对父母等的礼仪规范，很少看到对前者提出鲜明的要求。这是因为中国传统社会等级秩序比较严格，对上级、长辈有较高的道德约束，而且首先有个假定前提，即上级和长辈一般都是体民爱物、德高望重的。但实际上情况要复杂得多，所以爱幼也是个重要的礼仪问题。

南朝宋刘义庆《世说新语》记载了一个《陈太丘与友期》的故事：

> 陈太丘与友期行，期日中，过中不至，太丘舍去，去后乃至。元方时年七岁，门外戏。客问元方："尊君在不？"答曰："待君久不至，已去。"友人便怒曰："非人哉！与人期行，相委而去。"元方曰："君与家君期日中。日中不至，则是无信；对子骂父，则是无礼。"友人惭，下车引之。元方入门不顾。

陈太丘即陈寔，与朋友约定一同出行，约定的时间在中午。过了中午，仍不见友人的影子，陈寔就不再等他，自己先出发了。陈寔离开之后，那位朋友才不慌不忙地过来。陈寔的儿子陈纪（字元方）才七岁，在门口嬉戏。友人问陈纪："你的父亲在吗？"陈纪答道："等了你很长时间，你没有过来，他就先走了。"友人一听，大怒道："真不是东西！和别人相约出行，却抛下别人自己先走了。"陈纪早慧，闻言镇静地说："您与我父亲相约在中午，您过了中午还不来，是不讲信用。对着儿子骂他的父亲，是无礼的表现。"友人感到很惭愧，下车想要拉住陈纪，但陈纪头也不回地走入家门中，不再理会这个无礼之人。

▲ 陈寔

陈纪小小年纪，说话行事镇静沉着，面对咄咄逼人的成年人针锋相对，指出对方不但"无信"，而且"无礼"，义正而辞严，逼得对方无言可答，并以拂袖进门表明自己的态度，七岁的时候就有如此见识作为，真是叫人叹服。陈纪的责客语，其实是从反面来说明"信"和"礼"的重要性。

为什么对着别人骂他的父亲是无礼的表现呢？首先，从情感上来说，任何人都不会高兴他人当面对自己的父亲指指点点，友人类似"非人哉"这样的谩骂显得粗鲁而无礼。其次，由于本国文化重宗族血缘关系，骂父亲和祖辈更甚于骂其自身，使人感到难堪。祖先崇拜在我国是从殷商时代就存在的久远的仪式，敬天法祖是儒家文化的核心精神，遵从先祖的懿训家风是家族后代义不容辞的责任和义务，也是传统家庭伦理道德的核心。祖辈功德彰显，自己也一并光荣；祖辈声名狼藉，自己就跟着受累。旧时的不少谚语都

反映了父子之间的这种联系，如“有其父必有其子”“虎父无犬子”，乃至“龙生龙，凤生凤，老鼠的儿子会打洞”等等。既然有这种遗传上的继承，那骂父亲，无异于将自己也连带着骂进去了。倘使面对辱骂自己父亲的人，不反驳，不愤怒，就陷入不孝的境地了。尤其在陈纪所处的魏晋南北朝，自曹魏政权采取九品中正制，门第出身决定人的社会地位，通过人物评鉴选拔人才，考察父辈的爵位资历，个人思想行为的品评也与血统宗族脱不了关系。一时造成“上品无寒门，下品无士族”靠门阀做官的不公正局面，家世源流成为最重要的品评标准，世家子弟通过父兄的福荫获取政治地位，产生门阀士族这一新的政治阶层。所以维护祖辈的荣耀和名誉，是顺理成章的事，陈寔友人对着陈纪骂其父亲，自然是陈纪无法接受的轻视侮慢了，出于家族荣誉感做出强烈反击是自然而然的。

《陈太丘与友期》的故事同时也是一个关乎“信用”的问题。陈寔的朋友没有按照约定的时间赴约，这也是陈纪还击的重要依据。按照儒家伦理道德观——“人无信不立”，失信之人会受到广泛的批评，守信遵约之人会得到赞美和首肯。

《世说新语·雅量》中还有一个故事，庾亮风度翩翩，举止稳重，当时很多人说他是装出来的。但人们看他才几岁大的儿子庾彬，气度亦是高雅稳重，便知道这是天性使然。当时有人藏在帐幔后面突然蹿出来吓唬庾彬，庾彬神色恬然平静，缓缓跪下问道：“您为什么要这样做呢？”时人评价说：“看到阿恭（庾彬小名）这孩

▲ 庾亮

子，就知道庾亮绝非作假了。”当时将父子的人品风度联系在一起，这又是一个例证，既然孩子优雅持重，那必然是从父亲那里承继过来的。所以坊间有俗语“有其父必有其子”，抑或“虎父无犬子”，侧重点都是对年轻人的激赏。

爱幼也是仁心的体现。孔子主张“己欲立而立人，己欲达而达人”，仁心要从自我做起，推己及人，所谓“己所不欲，勿施于人”。这是孔子的智慧，从来不提出过于宽泛高大的要求，一定要脚踏实地，从自身做起，要设身处地为他人着想，践行“仁”的精神。孟子有一句名言：“老吾老，以及人之老；幼吾幼，以及人之幼。”其精神内涵与孔子提倡的“仁”一致。孟子认为要像爱自己的亲骨肉一样爱他人的孩子，这样便是“仁”的推广，人与人的相处也会更融洽，社会也会更和谐。

▲ 清·焦秉贞《历朝贤后故事图·含饴弄孙》

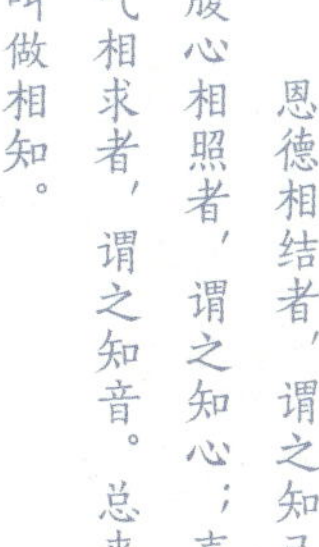

恩德相结者，谓之知己；腹心相照者，谓之知心；声气相求者，谓之知音。总来叫做相知。

——明·冯梦龙《警世通言》

互为知音，情深义重

古人形容朋友之间的交情，有“管鲍之交”“君子之交淡如水”“子期死，伯牙终身不复鼓”等等说辞，用来表达和描述朋友之间交往和感情的深浅。

“管鲍之交”说的是春秋时期管仲和鲍叔牙的故事。最初见于《列子·力命》：“生我者父母，知我者鲍叔也。此世称管鲍善交者。”管仲，名夷吾，字仲，亦称管敬仲，春秋时齐国人。他足智多谋，博古通今，有治国之才，少年时期与鲍叔牙交好。两人在年少困顿时曾合伙做生意，分利的过程中管仲总是拿得比鲍叔牙多，鲍叔牙手下的人都很不高兴，骂管仲贪婪。鲍叔牙却解释说：“管仲不是贪心，是因为他的确比我贫苦，是我自愿让给他的。”管仲为鲍叔牙出谋献策，生意上亏了钱，鲍叔牙也不生气，还安慰管仲，说：“事情办不成，不是因为你的主意不好，而是因为时机不好，而且做生意嘛，总是有盈有亏的。”管仲曾经多次被君王召用又

▲ 管仲

多次为君王驱逐，鲍叔牙知道他不是对君王不忠，而是时运不济，没有碰到赏识他的人。管仲带兵打仗，进攻的时候他躲在后面，手下的士兵全都瞧不起他，不愿再跟他去打仗。鲍叔牙却说："管仲不是胆怯畏缩之人，他是因为家中有老母啊，亲老不得供养是为不孝。"公子纠于政治斗争中失势，管仲也被囚禁起来，饱受折辱，但鲍叔牙知道管仲并不以此小节为恨，唯耻于功名不彰而已。宅心仁厚的鲍叔牙令管仲很感动，喟然叹曰："生我者是我的母亲，而知我者唯有鲍叔牙。"

这一双好友分别辅佐齐僖公的两个儿子，公子纠和公子小白，亦是一时佳话。僖公去世以后，公子诸儿继位，是为齐襄公。齐襄公昏庸残暴，公子们纷纷避难他国。鲍叔牙带着公子小白逃至莒国，管仲则在鲁国辅佐公子纠。不久襄公遭戮，齐国大乱，大臣们暗中接公子小白回国即位。管仲施计半途截杀公子小白，使其不能回国。谁知管仲的一箭并未射死公子小白，不偏不倚地射在了他的衣带钩上，公子小白察觉管仲的杀心，倒地佯装中箭，在众人的慌乱之中骗过了管仲。在管仲这边设宴庆贺之时，公子小白早已抄小路赶回国即位，小白就是历史上有名的齐桓公。齐桓公后来想要任用鲍叔牙为相，鲍叔牙辞不就任，向他举荐管仲。齐桓公一听管仲这个名字，顿时怒火中烧，不提也罢，提了就想起当年的一箭之仇。鲍叔牙说："只是各为其主，如今朝政不稳，更需要人才辅佐，您必须要有这样的容人之量。"齐桓公的确当得起一方霸主之名，他听从鲍叔牙的意见，摈弃前嫌，重用管仲，通货积财，富国强兵，从此开拓了齐国的宏图霸业。鲍叔牙和管仲这种君子之间深厚的友谊，退身让贤的高尚情操，世称"管鲍之交"，成为中国代代流传的佳话。

▲ 鲍叔牙

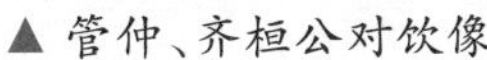
▲ 管仲、齐桓公对饮像

《庄子·山木》里有言：“君子之交淡若水，小人之交甘若醴。君子淡以亲，小人甘以绝。彼无故以合者，则无故以离。”君子往来把利益关系看得轻，所以淡，但志同道合，于是亲。小人交往凭系于利，加以伪饰，所以看似甘甜，而利不常得，一旦不能有，便断绝来往。明代冯梦龙在《警世通言》里说：“这相知有几样名色：恩德相结者，谓之知己；腹心相照者，谓之知心；声气相求者，谓之知音。总来叫做相知。”管仲和鲍叔牙的友情，恩义肝胆，可以说是知己了。

“士为知己者死，女为悦己者容。”古代的贞烈女子可为真爱殉节，俞伯牙也可为知音毁琴绝弦。春秋时期楚国郢都是个酝酿浪漫瑰奇的巫风文化的地方，所谓楚臣去境，《哀郢》诗成，说的是屈原。工于琴瑟的俞伯牙就是楚国郢都人，但官运却落在了晋国，做了晋国的上大夫。俞伯牙奉晋主之命修聘楚国，去时要务在身，走了陆路，返回时耽于这故国的奇山旷水，张帆凌波，不惜绕远走了水路。行至汉阳江口，突遇狂风疾浪，伯牙一行被迫泊船山崖之下。不多时风过雨歇，云消雾散，正值八月十五，月明如洗，伯牙本是风流高士，兴致上来就要抚琴。童子焚香取琴，伯牙轻拨丝弦，指尖上一声铮响，琴弦断了一根。

断弦在古时看来是一种征兆，寓意不祥，伯牙察觉有人盗听琴音，恐是盗贼或者刺客。伯牙正欲唤人搜查，岸上有人应声，说他不是奸盗之人，乃是当地樵夫，打柴归晚，闻君雅操，便停下脚步来听琴。俞伯牙满腹狐疑：你一个打柴的怎么懂这高雅艺术，也敢妄称“听琴”。樵夫高深莫测地笑了

▲ 宋·马麟《高山流水图》

笑，说道："大人若欺负这山野之中没有听琴之人，这荒崖之下也不该有抚琴之客了。"伯牙的兴致被这番话挑起，樵夫已经成功引起了他的注意。伯牙未置可否，继续打探："既是听琴，可知我适才所弹何曲？"樵夫道："《叹颜回》。"伯牙心道：果非俗人。一番交谈，俞伯牙知他深通乐理，又恐仅是识记之功，便想了个法子，自己抚琴，让这樵夫猜曲中意。伯牙重整断弦，沉思半晌，抚琴一弄，意在高山。只见樵夫说："善哉，峨峨兮若泰山！"伯牙心中大惊，但不动声色，将琴再鼓，意在流水。樵夫道："善哉，洋洋兮若江河！"闻弦音而知雅意。伯牙推琴而起，悔恨自己以貌取人，误了天下贤士。他请教樵夫姓名，樵夫道："姓钟名徽，贱字子期。"两人结为兄弟，杯酒酬酢，相谈甚欢，不觉东方渐白，直呼相见恨晚。两人洒泪而别，相约明年今日，仍是这个地方。俞伯牙无心江山之胜，心念知音之人，回了晋国复命。

寒来暑往，月落日升，天道恒常不变。然而人道却有了变数，伯牙心怀子期，赶到了他们相约之地，但苦候一夜，却不见钟子期赴约。俞伯牙知他人品，断不会无故爽约。后来才知道，钟子期旧年感他良言，买书攻读，白天砍柴，夜里读书，旦暮操劳，已染疾亡故了。伯牙心中大恸，昏厥于地。山川依旧，故人不见。伯牙来到钟子期坟前，悲痛欲绝。他强忍泪流，取出瑶琴，放在石台上，盘膝坐下，开始拨弦。周遭乡人前来观看，不知琴音悲怆，以为乐事，鼓掌哄笑而散。俞伯牙停弦，静了半晌。他突然取刀将琴弦

割断，又将瑶琴向祭石台上摔去，直摔得玉轸抛残，金徽零乱。“历尽天涯无足语，此去终兮不复弹，三尺瑶琴为君死。”这就是“子期死，伯牙终身不复鼓”的故事。人们常说，“千金易得，知音难觅”，伯牙子期的故事就是如此，朋友之交，非独是以诚相见，还要“懂”得对方。这个懂，不仅仅是了解、同情、尊重，还有更深层次意义上的志同道合、惺惺相惜的意思。

朋友之交，除了知遇、知音之外，尚要交之以信，待之以礼。一言以蔽之，必须互相尊重。尊重对方人格，平等相待，能够设身处地为朋友着想，愿意倾听对方心声，乐于为朋友排忧解难。孔子的弟子曾子说：“吾日三省吾身：为人谋而不忠乎？与朋友交而不信乎？传不习乎？”可见，忠信诚意是友谊长存的基础，这也是我们在与朋友交往中必须遵守的基本道德规范。

▲ 元·王振鹏《伯牙鼓琴图》局部

君子敬而无失，与人恭而有礼，四海之内皆兄弟也。君子何患乎无兄弟也？

——《论语·颜渊》

志同道合，契若金兰

结拜，又称换帖、拜把子、义结金兰，指的是志同道合、趣味相投的异姓兄弟结拜，结拜后情同手足，同甘苦，共患难，甚至“两肋插刀，在所不辞”。义结金兰一词最初源自《易·系辞上》：“二人同心，其利断金；同心之言，其臭如兰。”次见于《世说新语·贤媛》：“山公与嵇、阮一面，契若金兰。”这说的是山涛的妻子见自己的丈夫与嵇康、阮籍交往过密，异于常人，便向他问起此事。山涛说那是因为唯有此二人可以做我的朋友。他的妻子见过后认为那两人果然才智非凡，山涛与他们交友是独具慧眼的。

▲ 清代刘备、关羽、张飞木雕

罗贯中《三国演义》中“桃园结义”的故事相当有名。汉末桓、灵之世，宦官专权，黄巾军起，天下大乱。幽州太守刘焉出榜招募义兵，抵御黄巾军，引出了三国蜀主刘备和两位义士张飞、关羽的一段结义故事来。三人都是当世豪杰，在天下扰攘、国事昏乱时挺身而

出，结为异姓兄弟，共商干一番大事业。根据《三国演义》的讲述，刘备是在看榜文时认识了性格豪爽、以杀猪卖酒为生的张飞，二人引为知己，纵酒畅谈时又遇到了因杀了人而逃难江湖的关羽。三人见面的故事情节比较简单，后来被各种影视剧加以改编渲染，变得极具戏剧性。

当日，刘备刚编完草鞋，在街上闲逛，看到一个形貌不凡的屠夫。那屠夫“身长八尺，豹头环眼，燕颔虎须，声若巨雷，势如奔马”。此人名叫张飞，字翼德。这天，他刚杀了一头猪，怕一时卖不完，会变质发臭，心想把肉放在哪好呢？想来井水较凉，于是就把没卖完的一块猪肉吊到门口的井里了。为了怕别人顺手牵羊拿去，又在井口上盖了块千斤大石。眼看万无一失了，倒觉得没啥意思了，于是乎便写上一行大字：“谁能揭开石板，可拿走好肉一刀！”随后他就拿了另一块猪肉，游乡叫卖去了。

此时，路边走来同样形貌不凡的绿豆贩子。他“身长九尺，髯长二尺，面如重枣，唇若涂脂，丹凤眼，卧蚕眉，相貌堂堂，威风凛凛”，一看就不像是普通人。原来他叫关羽，字云长，在家乡仗义杀了作恶豪绅，辗转流落此地。他毫不费力掀开了石板，将猪肉分与在场众人。张飞听闻此事，连忙赶来，要与他一决高下。刘备见状，赶忙劝下，都是好汉，何必大动干戈呢？两人看刘备相貌堂堂、出手不凡，皆是愣了一愣，在刘备的一再劝解下，两人不再动手，经过一番交谈，竟徒然生出些惺惺相惜的感觉来了。

刘备说自己是汉室宗亲，中山靖王之后。三位英雄各抒己志，深感意气相投，相见恨晚。刘备发表了一番有感于苍生黎民的讲演，三人决定结为兄弟，共谋大计。次日，于张飞庄后桃园，备下乌牛白马等祭礼，三人焚香叩拜，立下誓言：“念刘备、关羽、张飞，虽然异姓，既结为兄弟，则同心协力，救困扶危；上报国家，下安黎庶。不求同年同月同日生，只愿同年同月同日死。皇天后土，实鉴此心，背义忘恩，天人共戮！”拜刘备为长兄，关羽次之，张飞为小弟。

“桃园结义”是小说《三国演义》里的故事情节，《三国志》等正史里没有相关记载，但对三人兄弟情谊多有描述。《关羽传》中提到“先主于乡里合徒众，而羽与张飞为之御侮”。刘备创业初期在乡里招兵买马，遇到麻烦事关、张二人都会站出来替他抵御。“先主与二人寝则同床，恩若兄弟。而稠人广坐，侍立终日，随先主周旋，不避艰险。”刘备与关、张二人如同亲兄弟一样睡在一张床上，在公共场合，二人侍立左右，随着刘备交际应酬，无论情况多么艰难险恶。《刘晔传》有云：“且关羽与备，义为君臣，恩犹父子。”关羽与刘备，有君臣之义，但情谊深同父子。

不过历史上并没有真正的“桃园结义”这样的故事发生，汉末三国时期人们还没有异姓兄弟“结义”的观念和事实。这种观念的形成，正是小说《三国演义》成书的时代，即明代，而且是江湖游民的观念和意识。关于这个问题，王学泰先生在《游民文化与中国社会》一书中做过深入研究，他认为自从明代开始，游民社会兴起，异姓兄弟结义的故事和行为才开始流行起来。

▲ 草桥结拜

明清小说家笔下的豪杰结义故事不胜枚举，再比如《水浒传》中的“梁山结义”，《隋唐演义》中魏徵、秦琼、单雄信等英雄的瓦岗寨四十六友结义，《金瓶梅》里也有西门庆与酒肉朋友结拜的情景。在越剧《梁山伯与祝英台》里，第一场讲的是祝英台和梁山伯草桥结拜的故事。东晋永和年间，祝家庄的祝员外家境殷实，女儿祝英台十六岁时，要求离家求学，父母当然不同意，但祝英台以绝食相争，无奈之下，父母勉强同意。英台是独生女，从小就被父母有意安排穿男孩子的衣服。此番出

▲“桃园结义”石雕

门求学，祝英台自然女扮男装。快到杭州城的时候，突然天上阴云密布，转眼之间就下起雨来，祝英台跑到草桥亭子里面避雨，邂逅拜师求学的梁山伯。两人一见如故，引为知己，于是在草桥亭上撮土为香，义结金兰，兄弟共勉，相互提携。祝英台女儿身暴露之前，梁、祝二人的结拜就是典型的异姓兄弟结拜。

愿结为异姓兄弟或姐妹，会挑上一个良辰吉日，地点选在祠堂或关公等神明的画像前、庙宇内，下摆太牢三牲，又备一只活鸡，金兰谱每人一份。差人将活鸡宰了，鸡血滴进一碗酒里，结拜众人各刺破手指，也滴入酒内拌匀。这碗结义酒要先滴三滴在地上，然后依年龄次序，由大到小，结义者各自饮下，焚香读誓词。金兰谱上写自己的姓名、籍贯、生辰八字及父母、祖父和曾祖三代的姓名。以“不求同年同月生，但求同年同月死”为准则，不论出生门第，一个“义”字贯穿始终。

结拜这种礼仪习俗生于民间，贯穿着儒家“义”的人文主义色彩，突破传统宗法社会伦理秩序，在宗族血缘关系之外构建起了新的社会人际关系。结拜兄弟同甘共苦，出生入死，情谊深厚如同亲兄弟，甚至超越手足之情。产生于民间的结拜习俗，形式多样，约定俗成，到后来便不拘泥于某种形式，年轻人意气相投，口头盟誓便结为兄弟，但古代“歃血为盟”的仪式可谓后来异姓结义的滥觞。

对于古代结盟仪式，唐代经学家孔颖达在《礼记正义》中做了一番介绍：一般是强大国家作为盟主以“执牛耳”，结盟之前，在地上凿一个长方形的竖坑，然后在坑内宰杀一头牲畜，割掉左耳盛在盘子里，再取血，以此血写书，写好了之后宣读。这种仪式在后世逐渐发展完备，“桃园结义”之所以宰杀白马，是效仿汉高祖刘邦在建汉之处大封同姓王，刑白马盟誓。“桃园结义”的故事成为楷模，以至于后来人们拜把子的时候都会在面前悬挂一张关公像。

梁启超在《论小说与群治之关系》中说：“今我国民绿林豪杰，遍地皆是。日日有桃园之拜，处处为梁山之盟。”由此可见，清朝末年社会动荡，民间异姓结拜的风气非常盛行。从历史上看，每当社会动荡转型激烈的时期，社会问题会变得非常突出，民众安全感普遍降低，一旦面临流离失所的状态，原有的社会秩序如果无法提供安全的庇护，那么异姓结拜就会流行起来。异姓结拜遵循祖辈口耳相传的一套仪轨，以展现仪式的庄重。

▲ 民国·王琦《桃园三结义》粉彩人物纹笔筒

城阙辅三秦，风烟望五津。
与君离别意，同是宦游人。
海内存知己，天涯若比邻。
无为在歧路，儿女共沾巾。
——唐·王勃《送杜少府之任蜀州》

依依惜别，寄予深情

亲朋离别一事，今人没有古人感受深。古人写一封信几经传驿，收信人拿到信件已经是很久以后了。要么依靠乡人捎带，这种机会也是可遇而不可求。鸿雁传书、鱼寄尺素，一份思念和乡愁总隔着山长水远。我国幅员辽阔，古时交通不便，到达目的地之前通常要经过期年累月的长途旅行。比如出入蜀地的文人用各种险绝的词汇描写连天的栈道和三峡的湍流，常有覆舟之险，生命系于一线。除去自然地理上的阻碍，治安上也得不到保障。出于这些原因，前路莫测，离别就显得格外珍重。

亲朋离乡背井，此去就是山川荒泽和数轮春夏，暂别变成了久别甚至永别。南朝文学家江淹在《别赋》中说："黯然销魂者，唯别而已矣。"温柔敦厚的文化土壤注重人情仪礼，送别礼因而在人与人之间的情礼往来中具有重要意义。保存至今的古代文献中对送别礼的细节记载已经不多见了，但是好在各类文学诗赋作品中保存了大量古代送别场面的描写，我们从中可窥一二。至于这种原始送别礼仪的失传，大约是因为惜别这种情感实在是太过平凡的人伦物理。古代的礼仪保存在上流社会的活动中，但无论贵人庶民，与亲朋道别，道一声珍重，撒两行热泪都是极其正常的情感流露，并不需要赋

▲ 明·沈周《京江送别图》

予繁琐的仪式。

先秦时就有“祖道”的文化风俗，即出行前祭祀路神，以祈求行路途中的平安，因此，将行者都不敢忽视祖道之祭。《五经要义》曰：“将行者有祖道，一曰祀行。言祭祀道路之神，以祈也。”《诗经》中就突出反映了古代这种祖道仪式的存在，《诗经·大雅·烝民》有言：

> 仲山甫出祖，四牡业业。征夫捷捷，每怀靡及。
> 四牡彭彭，八鸾锵锵。王命仲山甫，城彼东方。

郑玄笺云：“祖者，将行犯軷之祭也。”孔颖达疏：“以行者既祖，乃即于路，故云将行犯軷而祭也。”犯軷，出行前祭路神的仪式，也就是“祖”。说的是仲山甫犯軷将行，车马高大，随从仪仗气势威严，而仲山甫自戒：身受君命，不应淹留，当速行。车马前行，八鸾齐鸣，仲山甫身受王命，行使东方去筑城。这首诗是尹吉甫所作，为仲山甫送行，赞美仲山甫的德才出众，宣王善于任贤使能。反映了古代“祖道”或曰“犯軷”的送行仪式。《汉书》也记载，贰师将军李广利将兵出击匈奴，“丞相为祖道，送至渭桥”。《战国策》中记载燕丹送荆轲：“至易水上，既祖，取道。”这些都是这种古老的祭祀路神的仪式在文献资料和史实中的反映。

古人在离别时往往会折柳相赠。柳暗含“留”之意，临行挽留，不忍离别，柳枝随插随生，又含有对将行者的美好祝愿。“折柳送行”的习俗最早见于我国第一部诗歌总集《诗经》里的《小雅·采薇》：“昔我往矣，杨柳依依；今我来思，雨雪霏霏。”而“折柳”一词最早出现在北朝民歌《折杨柳歌辞》中：“上马不捉鞭，反折杨柳枝。”

李白“年年柳色，灞陵伤别”就说到了“折柳惜别”的风俗：古代长安灞桥两岸，十里长堤，一步一柳，由长安东去的人多到此地惜别，折柳枝赠别亲人。白居易《青门柳》：“为近都门多送别，长条折尽减春风。”鱼玄机《折杨柳》：“朝朝送别泣花钿，折尽春风杨柳烟。”“折柳赠别”蕴含着一种对友人“春常在”的美好祝愿，也寓意亲人离别家乡正如离枝的柳条，希望他到新的地方，能很快地生根发芽，好像柳枝之随处可活。

古人离别时折柳相送，在思念亲人、怀念故友时也会折柳寄情。“折柳”一词也寓含“怀远”之意。张九龄“纤纤折杨柳，持此寄情人”；李白“攀条折春色，远寄龙庭前”“无令长相思，折断杨柳枝”“此夜曲中闻折柳，何人不起故园情”；周邦彦“柳荫直，烟里丝丝弄碧。隋堤上、曾见几番，拂水飘绵送行色。……长亭路，年去岁来，应折柔条过千尺”；吴文英“楼前暗绿分携路，一丝柳、一寸柔情”。真可谓折柳赠别寄深情！

除“折柳赠别”，古人在送行时还会送芍药、杜鹃花、莲子等等，也都是有其寓意的。芍药开于暮春，一年好时节将尽，因而别名“将离”，饱含对将行者的惜别之情。莲子一般是妻子赠送给远行的夫君，或者思念夫君时鸿雁传书夹寄莲子，取“怜子”“恋子”之意。

最脍炙人口的送别诗就是唐代大诗人李白的这首《赠汪伦》了：

> 李白乘舟将欲行，忽闻岸上踏歌声。
> 桃花潭水深千尺，不及汪伦送我情。

太白格调高致，响绝千古，善于夸张。这个汪伦，我们已经不知道他是谁了，只知道他是太白的一位友人，后人考证为当地一位村夫或者县令，或者是彼时的一位名士。清代学者袁枚在《随园诗话》中的记载更加翔实丰富，尽管可能是杜撰，但仍令人深觉汪伦是个颇有妙趣的人。

据袁枚记载，汪伦是泾川人，当时听闻李白将至，倾慕已久，即刻修书一封寄予李白，书言：“先生喜好游乐？此地有十里桃花争艳。先生喜好饮酒？此地有万家酒店飘香。”李白是谪仙一样的人物，性情所至，闻此欣然而往。汪伦十分惊喜，立即设宴款待他。席间李白提起信中所允的“十里桃

▲ 明·仇英《浔阳送别图》局部

▲ 宋·马远《踏歌图》局部

花”和“万家酒店”。汪伦乃告知他，“‘桃花’指的是‘桃花潭’，夹岸并无桃树。‘万家酒店’是酒店的主人姓‘万’，而并非有一万家酒店”。李白方才恍然大悟，大笑着数落汪伦“欺骗”自己。文人意趣，自然不同。李白要离开时，汪伦赠他名马锦缎。船泊在潭边，将行未行，李白忽然听到岸上传来一阵踏歌声，原来是汪伦和村民用踏歌的方式为他送行。古朴的礼俗饱含着深厚的情谊，李白感动至深，有流泉之思，未事雕琢，挥笔写下“桃花潭水深千尺，不及汪伦送我情”的千古名句。

这种“用脚踏地打着拍子”的送行仪式，具体情形我们已经很难还原，但在南北朝至宋代，“踏歌”的民俗非常流行，特别在江南地区，南宋还有马远的《踏歌图》一幅，摹画了临安（今杭州）郊区农家“踏歌”的欢乐场景。这种踏歌是不是与送行有关尚需进一步深入探究，但很显然汪伦踏歌送李白的礼仪是比较隆重的。

隋唐至宋时期还流传一种见面礼，叫“舞蹈”。唐刘肃《大唐新语·谀佞》：“初，炀帝之被戮也，隋官贺化及，善心独不至，化及以其人望而释之。善心又不舞蹈，由是见害。”宇文化及杀害隋炀帝的时候，大臣许善心没有向其“舞蹈”，宇文化及就杀害了许善心，这件事发生在公元618年，隋唐鼎革之际。这里的“舞蹈”，就是一种特殊的见面礼。后唐天成四年（929）九月，枢密使安重诲听说使者乌昭遇谒见吴越国王钱镠时舞蹈称臣，

▲ 现代·溥儒《秋江送别图》

就上奏明宗皇帝李嗣源赐乌昭遇死，并奏削钱镠王爵、元帅、尚父等官职和尊称，这就是学界所称的“安重诲”事件。这里的宇文化及、安重诲、后唐明宗李嗣源等均为西域胡人出身，所以“舞蹈”或者“蹈舞”拜谢的礼俗应该是西域传来的。从这几则记载里我们亦可见“舞蹈”这种见面礼在君臣礼节中非常重要，直到宋代依然有所流行，宋程公许《归班之明日以六参人趁起居》：“喜因蹈舞拜天颜。”

汪伦踏歌送李白，李白也赋诗一首《赠汪伦》。临别赋诗的传统由来已久，《史记》中记载的易水送别，就留下了“风萧萧兮易水寒，壮士一去兮不复还”的慷慨悲歌。唐诗的瑰丽宝库中有不少句子描写的是送别友人，如高适《别董大》“莫愁前路无知己，天下谁人不识君”的拳拳情思，慷慨雄浑，一洗离别哀伤情绪。也有“劝君更尽一杯酒，西出阳关无故人”的不舍，更有“洛阳亲友如相问，一片冰心在玉壶”的嘱托。屈原在《九歌·少司命》里表达了“悲莫悲兮生别离”的情绪，可见离别是忧愁伤感之事，唐人将这种情绪尽赋于诗歌之中。

每个时代送别的习俗多有差异，如明朝的官员，奉使出差，回京之前，地方友人或者官员必刻一书，以一书一帕相馈赠，这叫“书帕本”。不过这个习俗很短暂，仅流行于明朝，而且在官员中是个例行的习惯。但无论送别采取何种形式，惜别和祝福是必不可少的因素。

身体发肤，受之父母，不敢毁伤，孝之始也。

——《孝经·开宗明义章》

身体发肤，不能毁伤

在长篇小说《三国演义》里，蜀汉名将关羽有个美名，人称“美髯公”。关羽两腮蓄着长长的胡子，一眼望去，飘逸俊美，英武威风，而他右手持《春秋》，左手捋须的情景更是将一员“儒将”的形象刻入人心。唐传奇《虬髯客传》也描写了那么一个赤髯如虬的侠客，传诵古今。《汉书·高帝纪》当中记载汉高祖刘邦：“高祖为人隆准而龙颜，美须髯。”古人把胡须看作男性的标志，象征着长寿、阳刚、权力以及智慧。老子就经常被后人画成皓眉长须的模样，看上去仙风道骨，充满智慧。

《庄子·列御寇》里面有十分有趣的一段话，云：“穷有八极，达有三必，形有六府。”所谓“穷有八极”是指“美、髯、长、大、壮、丽、勇、敢，八者俱过人也，因以是穷”。假如你相貌喜人，胡须浓密，身材颀长，高大魁梧，四肢健壮，道德高尚，有勇有谋，敢于做事，若依恃傲人，那你就会困厄窘

▲“美髯公”关羽

◀ 曹操割须

迫，快要走到末路了；假如你人云亦云随大流，安守本分三缄口，怯弱不前走后头，自知不如人而卑顺谦和、谨慎行事，那你也会通达于世。八极“美、髯、长、大、壮、丽、勇、敢”中的“髯”就是指胡须飘逸浓密了，足以证明古者以髯长为男性美好的特征，只不过庄子认为这是导致困厄的原因。

《三国演义》中描写了曹操割须弃袍的故事，说的是曹操与马超在潼关交战，败绩之后落荒而逃，因为有人喊：“穿红袍的是曹操！长髯者是曹操！”他不得已丢弃长袍，并用所持佩刀割断长须。事件的真实性有待商榷，但说明作为首领的曹操喜欢蓄长须，这种形象无疑是身份、权力和地位的象征。

古人推崇蓄须，从他们对胡须不厌其烦的细致分类中可以看出：上唇的胡须叫作“髭”，下巴上的胡须叫作“须”，颊旁的胡须叫作“髯”。周代就已有蓄须之俗，到了汉代，汉族男子大多都留起胡子了。蓄须这种传统面饰在我国各地均有流行，款式有翘胡、短胡、八字胡等，民间男子三十六岁开始留胡子，五十岁就开始蓄须了。有人认为古代汉族男子一定得蓄须，蓄须是身为男子的象征。其实不然，传世文献当中没有这种法令的记载，沈从文先生从出土文物的形貌上考察，无论贵族平民，总是有留胡子有不留胡子的，由此可见，胡子的去留并没有法令和习俗上的限制，大约是在审美的趋势下才特意为之的。甚至后来在中上层统治者当中这种蓄须的习惯越来越少人遵从，反而是看门人和马前卒才有一大把胡子。及至后来，大胡子甚至成为了歌舞喜剧中的笑料。

《孝经》里说：“身体发肤，受之父母，不敢毁伤，孝之始也。”强调身体

的各个部位，包括须发和皮肤，都是从父母那里得到的，不敢轻易毁坏和伤害，这就是孝道的开始。父母完完整整地将你生下来，死时也应该完完整整地归还给他们。《世说新语·德行》里有个故事：东晋的范宣，八岁那年在后园挑菜，误伤自己的手指，于是他大声啼哭。有人问他，是不是很痛？范宣回答："非为痛，身体发肤，不敢毁伤，是以啼耳。"范宣伤了手指大哭，别人以为小小年纪的孩子忍受不了疼痛，结果范宣说出这么高水平的一段话，令人刮目相看，所以他很早就名扬天下了。

古有"割发代首"之说，最负盛名的仍是经演义小说传播的曹操割发代首的故事，但《三国志》裴松之注当中也有相关记载，可见不是小说作者或者民间说书艺人的杜撰，应该有一定根据。话说曹操行军至宛城时，一路走来麦子都成熟了，但农民因为兵乱逃难在外，这些麦子就没有人收割了。曹操差人告知远近乡民和各处守境官吏："我奉天子的诏令出兵讨伐逆贼，是与民除害。如今不得已在这麦熟之时出兵，军中上下，上至将校，下至兵士，过麦田践踏作物者，一律斩首。军法严明，你们不必惊慌，也不用质疑。"百姓听说此事，欢喜称颂，奔走相告，拜倒在道路两旁迎接曹操军马。官兵经过麦田时，都下马以手扶麦，递相传送而过，并不敢践踏。

曹操带军骑马过麦田，一路小心翼翼，不料田中突然惊起一只鸟雀，曹操的马受了惊吓，窜入麦田中，踏坏了一大片麦子。这就比较尴尬了，在兵士们面面相觑、噤若寒蝉之时，曹操喊来行军主簿，拟议自己践麦之罪。主簿心想，这下完了，怎么干了这倒霉差事啊？主簿说："我怎么能议丞相的罪呢？"曹操说："我自己制定的法则，我自己带头违反，那怎么能服众呢？"便要举剑自刎。左右见状，能不拦吗？大家赶忙拦下。谋士郭嘉比较懂主公的心思，他说道："《春秋》里面的大义，法不加于尊，丞相统领大军，怎可自戕于此。"曹操沉吟良久，觉得很有道理，"既然《春秋》里面这样说，我姑

▲ 割发代首

且免于一死吧”，于是用剑割断自己的头发掷在地上，道：“割发权代首。”又让人拿着断发传示三军，说：“丞相践踏了麦子，本当斩首号令，割发以代。”三军悚然，无不严守军令。

在亲刘贬曹的大趋势下，后世不少人将此事斥为作秀，比如给《三国演义》注解的毛纶和毛宗岗父子看到这里就大骂曹操是奸雄：“拔刀割发权为首，方见曹瞒诈术深。”曹操这回可冤枉了，大约市民阶层突起，古代礼仪刑罚到了毛宗岗那个年代已经淡化。毛氏父子并没有意识到，在汉末，伤害父母所授的发肤仍是大逆不道的表现，并且只有四夷蛮族才留短发，短发是低贱的象征。古代五刑中有髡首之刑，就是剃去男子头发。屈原的《楚辞·九章·涉江》中说道：“接舆髡首兮，桑扈裸行。”说的是楚国的狂人接舆削去头发，而桑扈裸身而行，都是不从礼俗的放荡表现。曹操的所作所为，一是与民生息得民心，二是带头遵纪震军心，即便主观意图上是作秀，客观实效上也收获颇丰，可以说是明智的，以此贬低他虚伪奸诈未免有失公允了。

我们传统的儒家非常重视身体发肤，而在佛教那里，普通人出家为僧是要断发的。头发在佛教中被视为烦恼的象征，断发就是断除世俗世界的烦恼，洗心革面，遁入空门。在古人眼中，男人长须飘飘是美的象征，而现代却很少能看见男人蓄须了，一般现代蓄长须者大都被人视作行为艺术，长而浓密的胡子看上去不太雅观，而且对个人卫生造成影响，吃食时很容易沾到胡子上。新文化运动和五四运动以后，寄予在身体发肤之上的人伦孝道功能已经完全丧失，须发仅仅是身体的一部分，是否留发蓄须，以及留什么样的头发和胡须，是个人的选择自由，主要取决于个性化审美的需求。

不有敬事，不敢袒裼。
——《礼记·内则》

谢罪礼 谢过请罪，重在诚意

战国时期，秦强赵弱，秦国屡次来犯赵国，都被赵国大将廉颇打败了。但秦国还是不罢休，总想着换个法子收拾赵国。秦昭襄王听说赵王得了稀世之宝“和氏璧”，修书一封要用十五座城池来换宝璧。赵惠文王和大臣们一番思忖，那秦王是何等狡诈之人，十之八九赔了宝物也不一定能得到那十五座城，但因为弱国外交，拒绝了怕又是一场灾难。有个叫蔺相如的谋士胆识过人，说自己可以带此璧去秦国，并且完完整整地带回来。赵王便封蔺相如为大夫，出使秦国。

▲ 蔺相如塑像

蔺相如将宝璧呈给秦王，秦王得了宝物，欣喜异常，让宫人后妃都赏玩了一遍，大家高呼：“万岁！万岁！”但果不出所料，秦王不讲信用，不曾提及那十五座城之事。蔺相如眯起眼睛，向前一步，恭敬地说：“大王，这白璧有一处微瑕，我指给您看。”秦王

▲ 白玉璧

深信不疑，将宝璧递交给蔺相如。蔺相如将宝璧举过头顶，严肃地说道："我观察大王并没有给赵王十五座城的诚意，所以我就此收回宝璧。大王如果一定要逼我，我的头今天就同宝璧一起在柱子上撞碎！"秦王十分震惊，怕他真把宝璧撞碎，连忙劝慰道："就给！就给！"他立即差人拿来地图，大笔一划，划了十五座城，还答应斋戒五天。蔺相如心想，这不过是虚与委蛇，缓兵之计，别以为我看不穿。蔺相如派人换上粗布麻衣，怀藏宝璧，抄小路回了赵国。蔺相如"完璧归赵"以后，被赵王封为上大夫，后来渑池之会上，蔺相如智斗秦王，保全了赵王的颜面，赵王对他更是信任有加，把上卿这个位置交给了他，比廉颇还高一筹。他与大将廉颇的恩怨情仇故事就此拉开序幕。

廉颇是武人，轻视巧舌如簧、沽名钓誉的文人。他说："我是赵国大将，攻城野战，汗马功劳。一个出身轻贱之人，以口舌之劳位居我之上，我不服。我若是见了蔺相如，一定要羞辱他！"蔺相如听说此事，秀才既然遇上了兵，索性避而不见，装病不上朝，路逢廉颇的车马避让进小道。蔺相如的门人们觉得跌面子，跑来质问他为什么这般胆小怕事。蔺相如叹了口气道："诸位看来，是秦王厉害还是廉将军厉害？"门人们面面相觑，觉得他问了个愚蠢的问题，说："自然是秦王厉害了。"蔺相如接着道："我既然连秦王都不怕，又怎么会怕廉将军呢？秦国为什么不敢入侵赵国，就是因为忌惮赵国文有蔺相如，武有廉颇。若是我们两虎相争，岂不是让敌国坐山观虎斗，看我们两败俱伤，好趁机进犯？私人恩怨在国家大事面前不值一提，因此我才忍让廉将军。"门人们都感到愧疚，深感自己目光短浅，因而对蔺相如更是敬佩有加。这话兜兜转转，传到了廉颇的耳朵里，廉颇非常羞愧，脱了上衣背着荆

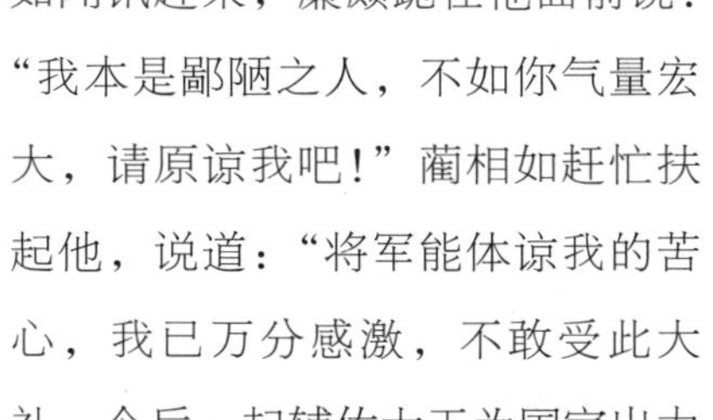

▲《负荆请罪》石雕

条就来到蔺相如家门口请罪。蔺相如闻讯赶来，廉颇跪在他面前说：“我本是鄙陋之人，不如你气量宏大，请原谅我吧！”蔺相如赶忙扶起他，说道：“将军能体谅我的苦心，我已万分感激，不敢受此大礼，今后一起辅佐大王为国家出力。”两人遂成为知己好友，生死与共，报效国家，是为“将相和”。

也许会有人问，廉颇为什么要肉袒负荆去请罪呢？在战国时期，只有身份低微的人才会当众裸露身体。《礼记·内则》有言：“不有敬事，不敢袒裼。”意思是没有祭祀等重大事件，不会轻易裸露身体。除去上衣，袒露身体，表示承认自己失败或者过错，放弃自己权力地位，有向对方请罪之意。这种“肉袒”请罪的方式在春秋战国时期并不鲜见。《吴越春秋》一书中就有这样的故事。越军攻吴，因伍子胥的头颅大显神通，一时间狂风暴雨，飞沙走石，奔雷极电，越军兵士皆僵，惨遭败绩。范蠡、文种只好“稽颡肉袒”，拜谢子胥。稽颡是古代的一种礼节，屈膝下跪，双手朝前，以额触地，表示极度的虔诚，后世称为“五体投地”。因了这隆重的礼仪，伍子胥才托梦于他们：越国是一定会战胜吴国的，这是天道，我不能阻止，我把我的头放在南门，就是想看你们怎么攻破吴国的城门，看看他夫差刚愎自用是怎么落得这般下场的，但我又于心不忍，你们从东门再入，可大破吴国。第二日越军从东南角突入，围吴，吴国最终灭亡。于此可见，“稽颡肉袒”是请罪礼仪中非常郑重其事的一种了。

古代五刑中最轻微的一种刑罚叫做“笞”，即一种用竹板或荆条鞭打臀部、大腿或脊背的刑罚。《吕氏春秋·直谏》记载楚文王得了茹黄之狗和宛路之箭，日日畋猎于云梦泽，三月不返。又得了丹地的美姬，耽于淫乐，不理朝政。忠臣葆申说："大王的罪，罪当鞭笞。"楚文王说："脱光了衣服受刑，见耻于诸侯。能不能换一个法子？"葆申说："这是先王之法，我宁可见罪于大王您，也不可见罪于先王。"他跪着将五十根细荆条加到楚文王背上。做了这事以后，葆申深感自己大限将至，就恳请楚文王将自己流放。楚文王最终赦免了葆申，并改过自新，楚国从此走向鼎盛。

除了"肉袒负荆"，还有更为严重一些的是"肉袒伏斧质"，这就不只是背着荆条了，而是把人置于铁砧上，要是对方不解恨，就一斧斫之而后快。《史记·廉颇蔺相如列传》当中对此也有记载："君不如肉袒伏斧质请罪，则幸得脱矣。"蔺相如是宦者缪贤的门客，缪贤那时犯了罪，想要偷偷逃到燕国去。蔺相如阻止他，问道："你怎么了解燕王的行事呢？"缪贤回答说："当年我随同大王在边境与燕王会面，燕王曾私下与我握手，说：'愿意交个朋友。'所以我了解他。"蔺相如说："赵强燕弱，当时你见宠于赵王，燕王自然愿意与你结交。今非昔比，倘使你逃亡至燕国，燕王必然因为不敢得罪赵国，将你捆送回赵，届时便是死路一条。不如现在就脱掉上衣，伏在斧质上请赵王治罪，还能谋一条生路。"缪贤依照蔺相如的话去做，赵王果然赦免了他。

由此可见，"负荆请罪"与"稽颡肉袒"是古人谢罪礼仪中比较隆重，且效果比较理想的两种，是请罪者真心诚意的表现，也展现了臣服的姿态，很容易打动对方，并获得谅解。

韩厥执絷马前，再拜稽首，奉觞加璧以进。

——《左传·成公二年》

见面礼 跪拜有礼，作揖示敬

战国时期，有两个著名的纵横家，一个是张仪，一个是苏秦。苏秦的人生经历很传奇，特别是游说创业时期。

苏秦是东周洛阳人，他是鬼谷先生的学生，青年时期便满怀信心地来到秦国游说秦惠王，但没有成功。《战国策》记载了他回洛阳时的落魄样子："说秦王书十上而说不行。黑貂之裘弊，黄金百斤尽，资用乏绝，去秦而归。羸縢履蹻，负书担橐，形容枯槁，面目黧黑，状有愧色。"回到家后，妻子不为他缝制衣服，嫂子不给他做饭，父母不跟他说话。家人的态度让他备感世态炎凉，人情冷暖，他不禁感叹道："妻不以我为夫，嫂不以我为叔，父母不以我为子，是皆秦之罪也！"于是连夜翻书，挑灯苦读，他常常读书到深夜，实在太困想打瞌睡时，就拿锥子往大腿上刺一下。这样，猛然间的疼痛，让他立即清醒过来，便继续坚持读书。

▲苏秦

苦读了一年多，他终于悟出了揣摸君主心

思的方法，于是再次出马，成功游说赵王，受相印，替赵国“合纵”六国，共同对付强秦。秦兵不敢东窥函谷关一步。苏秦将要去游说楚王时，路过洛阳，他的家人知道后，做出了令人意想不到的事：“父母闻之，清宫除道，张乐设饮，郊迎三十里；妻侧目而视，倾耳而听；嫂蛇行匍伏，四拜自跪而谢。”在他功成名就，衣锦还乡之后，家人的态度又是一百八十度的大转变：父母整理房间，清扫道路，雇用乐队，准备酒席，到三十里外的郊野去迎接他；妻子敬畏他，不敢正视，侧着耳朵恭敬地听他说话；嫂子则是四拜下跪道歉谢罪。苏秦见嫂子这个样子，笑着说：“嫂子为何先前那么傲慢而现在却如此谦卑呢?”嫂子说，那是因为您现在当大官了，地位显贵又是那么有钱。苏秦不禁感叹道：“嗟乎！贫穷则父母不子，富贵则亲戚畏惧，人生世上，势位富贵，盖可忽乎哉!”这种人生感悟令人唏嘘，警醒世人，也刺激了很多人对高官厚禄和富贵财富的渴求。但我们这里关注的重点不是这个问题，而是苏秦显达前后，家人跟他见面时候的礼仪问题。苏秦没发迹变泰之前，家人非常冷淡，丝毫不以礼待他。发迹之后，见面的礼仪非常隆重，超乎常规，所以令苏秦“不解”。当然，苏秦心里跟明镜一样亮堂，他清楚得很。

如今我们在与人交往的过程中常使用“握手”礼以表达友善、尊重、鼓励等情感。这种握手礼节表达了热情和友善，实质上是来自于西方。一种普遍的说法是，在欧洲中世纪的战争中，骑士遍身披着甲胄，全副武装。如果需要向对方表达友好的话，就需要褪去右手的铠甲，表示没有带武器，没有恶意，再互相握手。因此现在的交际场合，双方握手通常也要脱去手套。其他民族的见面礼节中，还有鞠躬、拥抱、亲吻、贴面等，但这些礼节由于过于亲密等原因未被我国文化所接受。

在古代没有握手这种礼节，那见面时是如何表达友好和礼貌的呢?

首先是跪拜礼。在先秦时期，尚未产生凳、椅等坐具，人们工作、饮

▲ 清·蒋莲　仕女席地而坐

食、交谈的时候在地上铺一条芦苇、竹篾编制而成的席或簟，将双膝放在席上，臀部紧贴两腿，脚掌向后且外翻。因此古人言“坐”，就是我们现在所说的跪姿。如果要向对方致谢或表达敬意，就直起身子抬起臀部，“引身而起”然后再俯身向下。古人“席地而坐”，跪拜礼就成为重要的会面礼节，当时对不同阶层和身份的人在不同场合跪拜的方式进行了详细而严格的划分。《周礼·春官·太祝》记载：“辨九拜，一曰稽首，二曰顿首，三曰空首，四曰振动，五曰吉拜，六曰凶拜，七曰奇拜，八曰褒拜，九曰肃拜。”因此九拜不是拜了九次，而是这九种跪拜礼的统称。九拜中，前四拜是正拜，后面五拜是因具体场合、事宜命名，依据四种正拜而为之。

稽首，是九拜中最为庄重的礼节，需屈膝跪地，左手按在右手上面，拜头至地，稽留一段时间，头至地多时，是臣子拜见君王、诸侯拜见天子和祭祀先祖的礼节。据《左传》记载，哀公十七年，鲁哀公与齐平公在蒙这个地方结盟，以孟武伯为相。齐平公对哀公行稽首之礼，但哀公没有向他回以稽首大礼，只是随意躬身拜了一拜，齐国人不答应了，都感到十分愤怒。孟武伯解释道：“不是周天子，我的君王是不会施以稽首之礼的。”无论什么礼节都不能超越规矩，在鲁国这样做也是有先例的。鲁襄公到了晋国时，以孟献子为相。孟献子对晋王行了稽首之礼，晋王感到很惶恐。晋国的大臣知武子说：“天子尚在，而您不惜辱没自己的身份行稽首之礼，我的君王感到很害怕。”这时孟献子说道：“我的国家处在东方，看你们几个国家争斗，国君寄希望于贵君，怎么敢不稽首呢?”可见因为国家间的利益关系，固定礼节也可

▲ 清朝官员拜会皇帝所行的跪拜礼

稍作变通。

而顿首就是平级之间的拜礼，顿首也需要引头至地，其额触地而拜，但顿地之后立即举起，不做停留，庄重性仅次于稽首。

空首，通常是君王答臣下、尊者对位卑者的拜礼，先以两手拱至地，再以头至手，因为头不至地，所以叫做空首。君拜臣，应该从空首，但是也有因为需要拜托臣子以重大之事而以稽首表示敬重。君与臣互拜稽首，两相尊敬。

东汉经学家杜子春认为“振动”中的“振”与振铎之“振”是同一个意思。振铎，即摇铃的意思。而“动”则读作哀恸之“恸”，振动其身，表达极大的悲伤。《周礼注疏》里说此恸是孔子哀颜回之恸。因而振动，不仅要跪拜、顿首，拜后还要“踊”，即跳踊，一般都在丧事时，拜者往往捶胸顿足，跳跃而哭，表示极度悲哀。

吉拜用于宗庙祭祀，凶拜用于三年服丧之期。吉拜，则在行礼时，先空首，后顿首；凶拜，即行礼时，先顿首，后空首。

奇拜，奇为单数，即一拜；另一说奇其实是“倚”，是手持节，持戟，身体倚靠在这些兵器上而拜。

古人行礼，通常用一拜、再拜、三拜表示更有敬意，称为“褒拜”。褒拜是行拜礼后为回报他人行礼的再拜，因而也称“报拜”。

▲行周揖礼的夫子像

肃拜是九拜中最轻者，为军中有此拜礼，另外女子也以肃拜为正礼。这两者都是因为行动上有所不便，军人身披甲胄，持有兵器；女子金钗步摇，佩戴首饰，行稽首、顿首礼多有不便。行肃拜礼时跪双膝后，两手先到地（注意女子右手压左手），再拱手，同时低下头去，到手为止，故又称“手拜”。肃，手到地的意思。所以后来在书信来往中，为了表示对对方的尊敬，往往写上“谨肃”。妇女行礼也称“端肃”，即源于此。

除了九拜之外，故人的见面礼还有作揖和拱手，以站立姿态不需跪拜，礼节较拜礼要轻一些。《史记·高祖本纪》：“郦生长揖，不拜。”《汉书·周勃传》：（天子）“至中营，将军亚夫揖，曰：‘介胄之士不拜，请以军礼见。’”所以，揖礼用在较轻的场合，行军打仗时则以军礼相见。

作揖的基本姿势是双手抱拳向前推，和刚刚所提到的肃拜恰好相反，肃拜是双手抱拳向自己的方向引。据考证，在夏朝已有揖礼，《周礼》中的记载可证揖礼在周朝已经盛行。揖礼作为古代见面交际的常用礼仪，也具有划分尊卑等级、远近亲疏的作用，在《周礼》中亦有记载。王见诸侯，对无亲缘关系的诸侯用土揖，对异姓诸侯用时揖，而对同姓诸侯用天揖，以别亲疏内外。土揖是推手向下朝土，时揖是平推，而天揖是推手上举朝天。从土揖到天揖，尊重程度依次升高。天揖用在正式场合，多对尊长或者同族中人。时揖用在平辈之中，土揖用作比自己位卑者或者晚辈。《周礼正义》中还谈到了一种长揖，手自上及下，使用时不分尊卑。

周揖礼盛行于周、汉、三国、两晋、南北朝期间，到了唐、宋、金、元时期流行的一种行礼方式叫叉手揖礼，也叫交手礼。唐柳宗元诗曰：“入郡腰恒折，逢人手尽叉。”所以一般认为在唐代始流行这种叉手示敬的见面礼。宋

▲ 五代·顾闳中《韩熙载夜宴图》局部

王虚中的《训蒙法》中记载："小儿六岁入学，先教叉手，以左手紧把高手，其左手小指则向右手腕，右手皆直，其四指以左手大指向上。如以右手掩其胸，不得着胸，须令稍离方寸，为叉手法也。"叉手礼多在站立时使用，尤其是回话时，常加上这种礼节动作。在五代顾闳中《韩熙载夜宴图》上绘有作叉手礼的人物形象。《水浒传》写梁中书吩咐杨志护送生辰纲，杨志听后，急忙"叉手向前禀道：'恩相差遣，不敢不依。只不知怎地打点？几时起身？'"

女子叉手礼用于日常见面和辞别时，行礼时身体肃立，两手相扣，右手在上，放于左腰侧，微俯身约二十度，弯腿屈身以示敬意。唐宋时妇女与人见面行礼之时常口道"万福"，意为祝对方多福，故而此礼又叫万福礼。《水

▲ 宋·佚名《杂剧打花鼓图》中的叉手礼

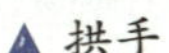

▲ 拱手

浒传》第二十四回，写潘金莲拿叉竿挑门帘子，不想叉竿失手滑落，正好打在过路的西门庆的头上，那潘金莲“情知不是，叉手深深地道个万福，说道：‘奴家一时失手，官人休怪。’”

拱手则是揖礼中包含的一个动作，所以清代学者阎若璩在为《论语》作注的时候说道：“古之揖，今之拱手。”拱手时右手握拳，左手将其包裹在内，两手合抱胸前。如果遇到凶丧则反过来，左手在内，右手在外。《论语》当中“子路拱而立”，表明在周代已有拱手礼。女子的揖礼跟男子的区别在于，男左掌在外，女右掌在外。这是因为男子以左为尊，女子以右为尊。

我们这里说的“见面礼”，是见面时双方致意对方时的礼仪，而不是通常人们理解的见面时要赠送的财物。见面礼除我们此处所讲的之外，还有“送别礼”部分讲到的“舞蹈”或者“蹈舞”，均是不同文化背景下形成的礼仪，所以礼仪是进化演变的，我们现在的见面礼要简化、实用得多。

▲ 拱手礼

子曰：『始吾于人也，听其言而信其行；今吾于人也，听其言而观其行。』

——《论语·公冶长》

坐如大钟，站如松柏

中国传统武学中讲究“站如松，坐如钟，行如风，卧如弓”，这是古人对习武者站姿、坐姿、走姿、睡姿提出的严格要求，意思就是站着要像松柏那样挺拔，坐着要像座钟那样端正，行走要像风那样快而有力，睡卧时要像弓那样弯曲身体。这样的要求也适用于日常生活，被纳入举止礼仪规范，也就是“体姿礼仪”。在社交场合，举手投足要显示出应有的礼貌，在人的各种体姿仪态中，如站姿、坐姿、走姿和手势，在社交礼仪中占有较重要的地位。一个人的德行修养，往往能从举止仪态中表现出来，而拥有端庄大方的仪态是树立良好形象、加深交流交往的关键因素。人之常情，谁都不愿意跟一个站无站相、坐无坐相、行走飘忽摇摆、睡卧四仰八叉的人交往的。

魏晋南北朝时期，是个性张扬的时期，也是讲求行为举止的时期，情性所至，甚至能把捉虱子、发呆发狂这样的事情玩出令人神往的姿态来，这是一种渗透骨髓的素质，需要长期的自我修养。话说东晋官员、扬州从事顾和，是时任扬州刺史王导的属下，有一次按惯例拜见王导时，停车王府门外，不像其他人急着去拜见，而是在门口解衣扪虱。恰巧大名士周顗也来拜见王导，路过顾和车旁，不禁愕然，然而顾和博虱如故，气定神闲，周顗深深地被折服了。这个时期的人们，卫生状况大约不太好，《世说新语》里面关于名士“博虱”“扪虱”的记载不少，但能把这件事做得姿态高妙，传为佳话却是一种修养。我们在鲁迅先生的小说《阿Q正传》里看到的阿Q、王胡、小D捉虱子自然就没那么美妙了，甚至倍感恶心发怵，这再次说明了自我修养的重要性。

▲ 顾和

遇到突发事件临危不乱，也是一种令人钦仰的举止。东晋王氏家族名士辈出，王徽之、王献之是兄弟，有一次两人室内闲聊，突然房顶着火，情况危急，王徽之抬腿就跑，惊慌失措，鞋子都没来得及穿，姿势很难看，而王献之却是“神色恬然，徐唤左右，扶凭而出，不异平常”。

刘义庆《世说新语·容止》里给我们留下了很多风姿堪为世人典范的名士的记载：“夏侯太初（夏侯玄）朗朗如日月之入怀，李安国（李丰）颓唐如玉山之将崩”“嵇康身长七尺八寸，风姿特秀”“潘岳妙有姿容，好神情”“裴令公有俊容仪，脱冠冕，粗头乱服皆好，时人以为‘玉人’，见者曰：‘见裴叔则如玉山上行，光映照人。’”……真是活脱脱一个个羡煞人也。另外有一些名士或不服、或艳羡，纷纷模仿，结果“绝丑”的文学家左思模仿潘岳招摇过市，被众妇女一顿唾骂，神情沮丧地落荒而逃；魏明帝的小舅子毛曾跟夏侯玄共坐，更是被时人目之为“蒹葭倚玉树”，很是丢脸。最著名的例子则来自于魏武帝曹操：

魏武将见匈奴使，自以形陋，不足雄远国，使崔季珪代，帝自捉刀立床头。既毕，令间谍问曰："魏王何如？"匈奴使答曰："魏王雅望非常，然床头捉刀人，此乃英雄也。"魏武闻之，追杀此使。

曹操自知长得丑陋，怕影响国家形象，所以在接见匈奴使者的时候，让属下崔琰（字季珪）代替，自己则扮演成一个带刀侍卫，站立床头。后来征询匈奴使者意见的时候，使者说床头那位拿刀的人是真英雄，这让曹操大吃一惊，派人杀了这位独具慧眼的匈奴使者。曹操这样做或许有无数个正当理由，但我们可以看出，一个人即使长得不怎么样，但那种发自内心深处的修养是无法掩饰的，所以还是那句话：加强个人修养，修饰个人举止行为，非常关键。

古人对坐立行走的要求非常讲究，《礼记·曲礼上》有言：

为人子者，居不主奥，坐不中席，行不中道，立不中门。

做子女的，居处不能占据室内西南角最尊的位置，坐时不能坐在席的中间，行走时不能行在路的中央，站立时不能站在门的正中。这样既表示对尊者的礼敬，又可避让行人。此外《礼记》中还规定：行走时态度不要傲慢，站立时身体不要倾斜，坐着时两脚不要像簸箕一样前伸张开，睡觉时不要趴着睡；与他人并排而坐时，不横放自己的胳膊等等。

▲ 坐俑

古人对于"怎么坐"讲究颇多。"蹲踞""箕踞"或"安坐""正坐""跪坐""经坐""恭坐""肃坐""卑坐"，或席地而坐、正襟危坐、双手垂坐……“坐”的姿势可谓数不胜数。

西汉官至长沙王太傅的贾谊，在他所写的《新书》中系统地将先秦时期以及当时世间谈论的坐相、立相、行相等，专门归纳成一章，称为《容经》，并细分“坐容”“立容”“行容”“跪容”“拜容”乃至“坐车之容”“立车之容”等内容。

在《容经》中对“坐容”这样要求：

> 坐以经立之容，胻不差而足不跌。视平衡曰经坐，微俯视尊者之膝曰共坐，俯首视不出寻常之内曰肃坐，废首低肘曰卑坐。

正确的坐姿就是身体挺直了坐下，小腿不要放得一前一后，脚不能乱动。两眼平视的，称为“经坐”；头微低，目光注视对面尊者的膝盖，叫“恭坐”；低头，目光不超出身边数尺远，则为“肃坐”；头完全低下来，甚至连手肘都下垂，则叫“卑坐”。

《容经》中将站姿称为“立容”，要求：

> 固颐正视，平肩正背，臂如抱鼓，足间二寸，端面摄缨，端股整足，体不摇肘曰经立，因以微磬曰共立，因以磬折曰肃立，因以垂佩曰卑立。

▲ 秦陵将军立俑

▲ 汉代立俑

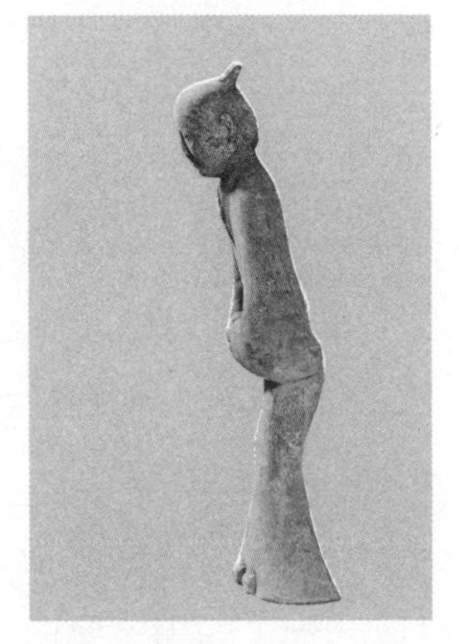

▲ 立俑(恭立)

▲ 磬

头摆正目平视，肩放平背挺直，臂成抱势放于腹前，两脚直立，间隔二寸，面容端庄，缨带整齐，大腿正直，两脚立稳，体不摇肘不动，称“经立”；微微弯腰，叫“恭立”；弯腰如磬，为“肃立”；垂如佩带，则叫“卑立”。

“行容”则是：

行以微磬之容，臂不摇掉，肩不下上，身似不则，从然而任。

行走时微微弯腰，保持恭立时的仪容，两臂不能摇摆，肩膀不能一上一下，身正而不斜，这样才能从容而不拘束。

古人十分注重日常行为举止的端庄，因此也就有了关于坐立行走这一系列的礼仪规范。那么现代的我们该如何修饰个人举止？端庄优美的坐，会给人以文雅、稳重、自然大方的美感。正确的坐姿是：头摆正，两眼正视前方，腰背挺直，两肩呈水平状，躯干与大腿垂直，两小腿与地面垂直或略向前伸，两足平放地面，坐时感到舒适而又不易产生疲劳的感觉。坐时要注意上身始终要保持端正，如古人所言的“坐如钟”。女性应两膝并拢；男性膝部可分开一些，但不要过大，一般不超过肩宽。尤其在正式场合，入座时要轻

柔和缓，起座要端庄稳重，不可猛起猛坐，碰撞桌椅，造成尴尬气氛。

站立是人最基本的姿势，是一种静态的美。正确的立姿是：应使头、背、臀和脚跟在一条直线上，两肩在同一水平上自然下垂，抬头挺胸，两眼向前平视，腹部微内收，两脚稍稍分开约两拳距离，脚尖微向外斜，把全身重量落在两脚的脚跟和外缘上。“站如松”强调的就是站立时身体要端正，力戒站立时头歪、肩斜、背驼等。

行走是人日常中的主要动作，行姿是一种动态的美。“行如风”就是用风行水上来形容轻快自然的步态。正确的行姿是：轻而稳，胸要挺，头要抬，肩放松，两眼平视，面带微笑，自然摆臂。要注意两脚脚尖应该指向前方，不要向里勾或向外撇。行姿文雅、端庄，不仅给人以沉着、稳重的感觉，也能很好地展示自己的气质与修养，而且注意行姿也可以防止身材变形走样，甚至可以预防颈椎疾病。

而据现代礼仪要求，正确的行为举止除上述要求外，特别强调情绪和表情的舒展、平和。要求精神饱满，面带微笑，双目平视，目光柔和有神，自然亲切，这也是避免举止僵化，给人留下刻板印象的关键。

▲ 五代·顾闳中《韩熙载夜宴图》局部

一个人的坐姿、立姿、行姿，能够反映出他对生活及人生的态度，也是一个人素质修养的外在体现。所以，平时就要注意自己坐立行走的姿势，逐渐培养自己的气质风度。如此这般，就会如东晋陶渊明在《闲情赋》中所言："神仪妩媚，举止详妍。"

▲ 清·吕彤《蕉荫读书图》

两国交兵，不斩来使。

——明清小说俗谚

持节出使，万国来朝

汉武帝元狩四年（前119），卫青、霍去病各领五万骑兵进军漠北。卫青大败匈奴，霍去病封狼居胥，凯旋回朝，官拜大司马。匈奴北退。汉朝仍接连讨伐匈奴，匈奴亦野心未泯，双方均多次互通使节相互窥探。匈奴扣留汉朝的使节郭吉、路充国等前后十余辈人，汉朝也扣留了相当数量的匈奴来使。

天汉元年（前100），且鞮侯刚当上单于，恐汉军来袭，放回被扣押的汉朝使节。汉武帝感其善意，遣苏武以中郎将的身份护送匈奴来使返国，另馈赠厚礼，嘉奖他的行为。苏武手持汉节，率领车马，前往漠北寻求和平，厚礼赠与单于。谁知他王位坐稳，态度急转，傲慢骄纵，只字不提议和一事。后来匈奴部落内乱，单于想杀掉汉使，有人建议诱降汉使。早已归降匈奴的汉人卫律劝说苏武，称自已归降了之后赐号称王，享富贵荣华，而你不降，死随百草，无人问津。苏武不为所动，反痛斥他。单于仍想劝降苏武，将他关在地穴里，断其饮食。苏武嚼雪食毡，几日不死。单于以为他是神仙，将他迁移到北海（今俄罗斯贝加尔湖，当时的匈奴北界），让他牧养公羊，说等到这些公羊产崽，就放他归汉。苏武在北海边，吃野鼠所藏的食物，握着汉

◀ 现代·傅抱石《苏武牧羊图》

节牧羊，无论是卧是醒，日复一日，节上的尾毛都已落尽。苏武远在长安的亲人，兄弟自刎，母亲去世，妻子改嫁。苏武壮年出使，北海牧羊十九载，当他于汉昭帝始元六年（前81）春回到长安时，已须发皆白。苏武节，因而成为坚贞不屈的象征。

临时授“节”是君王委托任命臣下完成某种事务的凭证和象征，如礼仪、军事、外交、安抚等。在形制上，《后汉书》记载的是以竹为柄，长八尺，牦牛尾饰以三重。后来妇女守节，便是此义的引申。

最早的外交礼仪发展于先秦各诸侯国之间的外交往来，朝聘是当时最重要的外交礼仪。盟会是诸侯国之间常见的解决问题的外交方式，当很久都没有召开盟会，诸侯国之间就会遣送使者互相聘问。《仪礼·聘礼》和《礼记·聘义》中记载了聘礼的仪节作用，“故天子制诸侯，比年小聘，三年大聘，相厉以礼”。天子为诸侯制定制度，使他们每年一小聘，三年一大聘，以达到“外不相侵，内不相陵”的目的，约束诸侯以礼，使内崇敬礼让，外不互相侵略。使节出使的时候要带上圭、璋等珍贵玉器作为重礼，而被聘问的诸侯必须表现轻财重礼之义，在使者完成外交使命归国之时归还圭、璋。这就是天子驾驭诸侯不以武力的高明之处了，不动一兵一卒以聘礼使诸侯自正。在平等尊重的基础上，聘礼表达了国与国之间巩固邦交、和平相处的愿望，是外交礼仪最早的形式。

中国古代有夷夏之辨，中原文化中心地带注重礼仪称为夏，而周边化外之地的以游牧、渔猎为生的民族称为夷，乃蛮貊之邦。四方有东夷、西戎、南蛮、北狄，合称四夷，后来泛指外国。汉帝国建立以后，汉人以为自己是天下中心，其余诸国理应臣属汉王朝，《孟子》中说："莅中国而抚四夷也。"统治中原地区，安抚四方夷民。汉人心中以"四夷宾服，万国来朝"为盛世气象。周边附属国要向汉王朝纳贡称臣，这种"朝贡"制度源于上面提到的先秦的朝聘制度，王维笔下的大明宫有"九天阊阖开宫殿，万国衣冠拜冕旒"的景象。九重宫阙重重打开，万国使者朝拜天子，反映了当时中外交往的情况。事实上"万国来朝"中的部分国家与中国没有臣属关系，应当算作一种政治文化交流或商业贸易行为，只是汉人一厢情愿地认为自己恩泽广被，德化天下，认为前来献礼的各国都仰慕天朝，怀着归化天朝的真诚。而后来的王朝往往要为这种天国上朝的体面付出代价，重金赏赐，厚往薄来。

到隋炀帝杨广时期，中外交流更加频繁，外交使节络绎不绝。隋炀帝好大喜功，所以刻意在长安、洛阳张灯结彩，举行盛大的欢迎仪式。《隋书·音乐志》曰："每岁正月，万国来朝，留至十五日，于端门外，建国门内，绵亘

▲ 唐·韩幹《胡人呈马图》局部

▲ 唐·阎立本《职贡图》

八里，列为戏场。”隋炀帝讨伐吐谷浑，又在登位后第五年进行西巡，亲至青海和河西走廊，历时半年之久。虽然他是历史上唯一一位巡视大西北的帝王，魄力非常，但这支携有后妃宫女的队伍途中遭遇暴风雪，死伤大半，损失惨重，给隋帝国造成进一步的创伤。隋炀帝西巡置西海、河源、鄯善、且末四郡，地跨今天的青海、新疆，但很快就对其失去控制。当隋炀帝一行翻过雪山，穿越峡谷，终于抵达张掖的时候，立即招揽西域万国前来朝贡。隋炀帝以盛大的宴会和庄重的礼节接见了高昌王麹伯雅与伊吾吐屯设等西域二十七国的使者，同时令阎毗持节迎接慰劳。荒凉的戈壁滩从未出现过如此辉煌热闹的场景，鱼龙百戏，九部音乐，精彩纷呈，隋炀帝在宴上大陈文物，又重赏各国使节。

隋炀帝驾车回朝，年底各国使臣毕集洛阳，隋炀帝下令为西域使臣招揽各种新奇独特的杂耍、技艺，陈演端门。正月十五元宵夜，端门外百戏杂陈，戏场绵亘数里，丝竹乐者万人，张灯结彩，昼夜通明。又令店铺整肆，

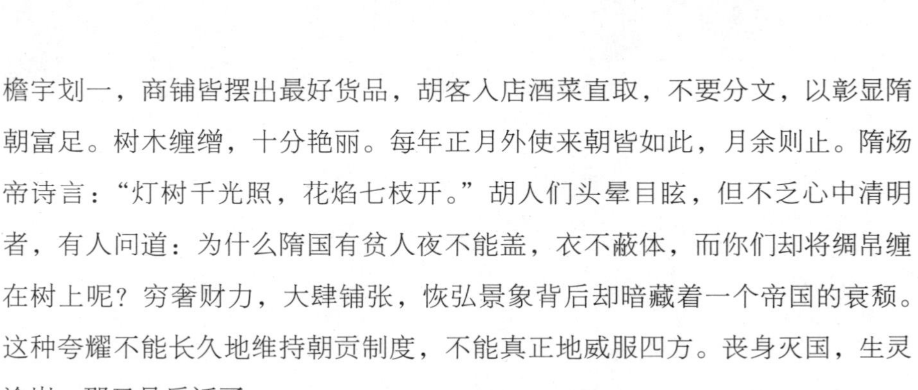

檐宇划一，商铺皆摆出最好货品，胡客入店酒菜直取，不要分文，以彰显隋朝富足。树木缠缯，十分艳丽。每年正月外使来朝皆如此，月余则止。隋炀帝诗言："灯树千光照，花焰七枝开。"胡人们头晕目眩，但不乏心中清明者，有人问道：为什么隋国有贫人夜不能盖，衣不蔽体，而你们却将绸帛缠在树上呢？穷奢财力，大肆铺张，恢弘景象背后却暗藏着一个帝国的衰颓。这种夸耀不能长久地维持朝贡制度，不能真正地威服四方。丧身灭国，生灵涂炭，那又是后话了。

因此，在外交场合，用适当、得体的外交礼仪展示一国的风采，维护国格是非常重要的。同时穷奢极欲，大肆铺张扬厉，也是非常不适合的，这在古代往往被视为亡国灭家的前兆，其最主要的原因就是统治者的骄奢淫逸之风会借此滋长，而这个才是最具破坏力的。

昨夜西风凋碧树。独上高楼，望尽天涯路。欲寄彩笺兼尺素，山长水阔知何处。

——宋·晏殊《蝶恋花》

鸿雁传书，双鲤寄情

在没有电话、手机等通讯工具的古代，用来传递文字信息的“书”和“笺”就成了人们相互沟通的重要工具。“烽火连三月，家书抵万金”“忽得远书看百遍，眼昏自起剔残灯”，这些诗句道出了人们对书信的重视程度。人们虽不能对面相谈，但在信件的字里行间仍体现了古人恭敬谦逊的礼仪修养，可谓“不见面的礼仪”。

书信在古代叫作尺牍，是古人用一尺长的木板（少数用三棱形木柱）用以书写文字，多记载人情往来之事。《汉书》记载广武君（李左车）谓韩信曰：“发一乘之使，奉咫尺之书，以使燕。”隋唐训诂学家颜师古注道：“八寸曰咫，咫尺者，言其简牍或长咫，或长尺。”所以尺书和尺牍就是汉代“咫尺之书”的遗语。在东汉蔡伦改进

▲ 竹简

造纸术之前，书信通常是写在简牍上的，富贵人家偶尔亦用丝帛织物。写在竹片上称“简”，写在木片上称“牍”或“札”，写在绢帛上称“帖”，写在纸片上称“笺”。

同时书信又有双鲤、鱼书、鱼雁、雁字、鸿鳞等美称。古诗文中留有许多记载，如“关山梦魂长，鱼雁音尘少”“鱼书欲寄何由达？水远山长处处同”“手携双鲤鱼，目送千里雁”“嵩云秦树久离居，双鲤迢迢一纸书”等。这些优美的诗句，无不给书信蒙上一层唯美而梦幻的纱衣。

▲ 木雕鲤鱼

双鲤典故最早出自汉乐府诗《饮马长城窟行》：“客从远方来，遗我双鲤鱼。呼儿烹鲤鱼，中有尺素书。长跪读素书，书中竟何如？上言加餐食，下言长相忆。”古时人们多以鲤鱼形状的函套藏书信，因此不少文人也在诗文中以鲤鱼代指书信，当然诗中所言烹鱼并非真的烹煮，而是让侍儿打开装有尺素的鲤鱼形的木盒。

鸿雁是候鸟，往返有期，故人们想象雁能传递音讯，因而书信又被称作飞鸿、鸿书等。《汉书·苏武传》载：“教使者谓单于，言天子射上林中，得雁，足有系帛书，言武等在某泽中。”说是汉武帝时，苏武奉命出使匈奴，被囚胡地十九年，矢志不变。他后来得以归汉，主要是因为匈奴单于相信汉使所说鸿雁传书上林苑，被天子射获，确知苏武在北海牧羊。匈奴单于无奈，只得放回苏武，“鸿雁传书”一时传为美谈。

我国的书信史源远流长，战国时期乐毅的《报燕惠王书》、鲁仲连的《遗燕将书》、李斯的《谏逐客书》等，都是传诵千古的名篇。但先秦两汉人写信，形式比较随便，直到魏晋时期，开始有人撰作“书仪”，就是各类书信的格式，以供他人写信时套用。因而私人来往的书信写作要到魏晋时期才广泛流行起来。

魏晋南北朝时期，鲁迅先生称其为“文学的自觉时代”。汉末以来政局动荡，战乱不绝，庄老玄学应运而生，文人集会尚清谈之风，竞相在唱酬活动中争奇斗艳，又加上此时纸笔工具的发展完善，使得书信从形式和内容上都得到了全面革新，发展更为迅速。

魏晋时期有位名士叫作嵇康，身长七尺八寸，有松柏之姿，是竹林七贤之一。据说司马昭下令处死他，他面无惧色地在刑台上向着为他请愿的三千太学生弹奏《广陵散》，琴声铮铮，响遏行云，高士傲骨，慷慨赴死。他写过一封在文学史上相当著名的书信——《与山巨源绝交书》。那时司马政权为了扩大势力，急于网罗人心，争取社会名流的支持，想请“竹林七贤”出来做官。他首先邀请山涛，由于司马昭的祖母是山涛的堂姑祖母，山涛不好拒绝，只好答应了。司马昭又想将嵇康等人也纳入麾下，就让山涛拉拢嵇康到朝廷中做官。嵇康闻讯，怒火中烧，立即修书一封要与曾经竹林交游的挚友山涛绝交。此信看似是与友人绝交，其实也是自我述志，顺便讽刺篡权的司马氏。嵇康死前将儿女托付给山涛，山涛也没有辜负他的嘱托，将嵇绍养大成人，有“嵇绍不孤”的美谈，可见嵇康并不是真的要与山涛绝交。

嵇康先说山涛长袖善舞，长于机变，而我心直口快，爱得罪人，真是偶

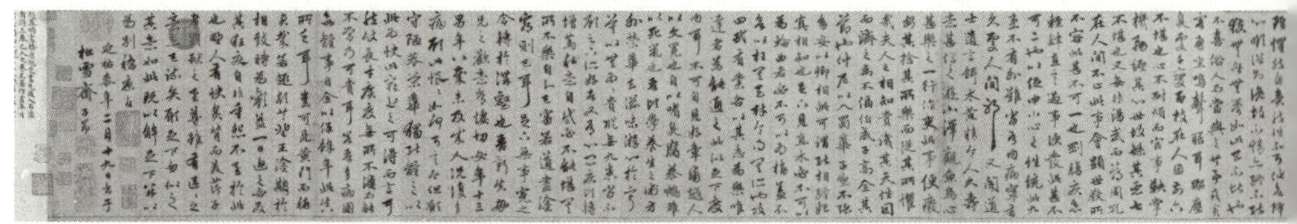

▲ 元·赵孟頫《与山巨源绝交书卷》

然才攀上您做了朋友。您自己做官还不够，如同厨子要拉个助手，也要我手持屠刀去沾染一身腥膻。他赞美了一番古圣先贤，又说自己体弱懒散不读书，肮脏放纵性简傲。考虑到个人卫生问题不足以吓倒当时的掌权之人，嵇康又一口气列出“七不堪”证明自己的品行如自己的外表一样低下，真真是表里合一，里外都是败絮。嵇康说，第一他喜欢睡懒觉，睡到日上三竿，做了官不免有吏卒叫他起床；第二他喜欢抱琴行吟，到郊外去射鸟钓鱼，差役们总盯着，不得自在；第三当了官就要穿戴整齐，坐有坐相，那我就不能敞衣露怀，抓身上乱窜的虱子了；第四当官要写信，处理公文书札，彼此相互酬答，烦，不干；第五他不喜欢吊丧，然世俗之人看重此事，我不愿降心顺俗，不免仍要遭他们中伤；第六不愿与俗人来往，噪声聒耳，百千伎俩，实在无力周旋；第七性子不耐，公务繁忙，搞不好就要罢工。这样一个人真是足以让任何领导唯恐避之不及了，也让当时的司马氏认识到此人桀骜不驯，是不可收服的那一类。信末嵇康交代“其意如此，既以解足下，并以为别。嵇康白”。他说：“我的意思就是上面所说，将此事阐明清楚，并向您告别。”

在长期写作的过程中，书信逐渐形成了一套约定俗成的格式。那么古代写信有什么要求？要注意哪些礼仪呢？一封通常意义上的书信，至少要包含以下几个部分：称谓、提称语、开场语、正文、结束语、落款。

首先写信要注意称谓，对别人使用敬称，对自己使用谦称，注意尊长亲疏的关系。对上级、下级、长辈、晚辈的称呼和自称都是有区别的。比如称

“祖父”或“祖母”，就要自称“孙”或者“孙女”，对“父亲”“母亲”要自称“儿”或“女”。对“伯父”“伯母”自称“侄”或“侄女”。

紧接着称谓后面是提称语（提称语有时亦可置于信末），表示对收信人的尊重和敬意，还有知照收信人阅信的意思。比如在写给父亲的信中称“父亲大人膝下”，“膝下”二字就是提称语，原指幼年依偎父母膝下的情形，家书中使用除却敬重之意，还体现了对父母的思眷之情。对上级可用“阁下”，对平辈使用“足下”。读书写字用笔墨纸砚，元代以右为尊，因此对同学用“砚右”。“台鉴”一词使用范围较广，对熟识或不熟识的尊长、平辈，皆可使用。“台”原指天上的三台星，三台星、八座星合称三台八座，用以泛指高官重臣。因为三台八座均为紫微星的辅佐，主权贵和官印。而“鉴”大家比较好理解，即为“看”的意思了，就是请对方看信。

开场语多为客套寒暄，进而表达思慕之情。首先要用启辞，如敬禀者、谨启者、恳启者、哀启者、复禀者等等。因写信的不同需要和对象分情况使用，如敬禀者是自谦为恭敬禀告之人，而正文部分则是需要禀明尊长的内容。思慕语则是简要表达对对方的思念之情，文字应该精炼，思慕语不拘一格，比如“孺慕之情，与时俱积”“仰望山斗，向往尤深”“云天在望，心切依驰”等等，只要抒发自己的真实情感即可，不必拘泥于格套。

正文是书信的主体，表情达意准确能让对方理解即可，注意正文另起一行，开头空两字，然后开始写。正文中提到长辈，为了表达尊敬，一行没写完，也要换行书写，将对方称呼置于换行行首，称为“抬头”。

结束语又是客套问候，用祝颂问安。如对父母用“恭请福安”，对师长用“敬请教祺”，因时令可用“敬颂夏祺”。

最后落款，写给熟识亲友，可只写名字，省去姓。也可在自己名字前加上称呼，如儿、生、晚辈等。

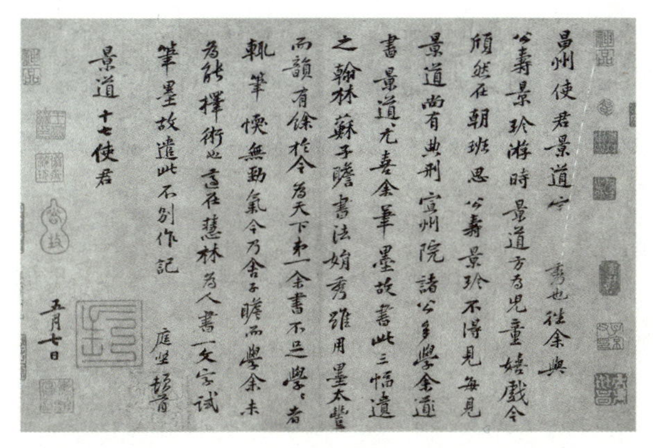

◀ 宋·黄庭坚　手札尺牍

中国素为礼仪之邦，文化历史悠久，人们相互通信来往，一向注重格式和用语。通信既要讲究修辞文法，又要讲究文明礼节。如果能够熟练使用书信的格式、用语，自然显得高雅、生动、鲜明，给人一种美的享受。

书信虽薄薄一张纸，却是古代礼仪的缩影。新文化运动以后，书信的书写语言、载体和格式均发生了变革，古老的书信体制被现代书信取代，但其功能和用途是一致的，依然是远程交流和信息沟通的重要途径。即使在互联网技术出现之后，传统书信被电子邮件取代，书信的格式，书信来往的礼仪规范还是必须讲究的，甚至有必要重新探讨确立一套新的与时代相适应的礼仪规范。

言语之美，穆穆皇皇。朝廷之美，济济翔翔。

——《礼记·少仪》

言语之美，穆穆皇皇

中国人一向以谦谦君子自居，在社会交往过程中，敬称对方，谦称自己，虚心谨慎，彬彬有礼。古人幼时命名，加冠取字，一般为表示尊敬和礼貌，对平辈和长辈皆称其字，自称则称名。如，称屈平为屈原，陶潜为陶渊明，李白为太白，杜甫为子美。直呼其名被视作是不礼貌的表现，含有轻视和厌恶的意味。魏武帝曹操，字孟德，除了称字以外还有“魏武”“太祖”“曹公”等美称或尊称。钟嵘《诗品》里面评价曹诗曰：“曹公古直，甚有悲凉之句。”但在后世“拥刘反曹”的意识潮流中，人们不称曹操的字或名，反称他的一个颇有意思的小字：阿瞒。在各种庄重场合和正式文体中，称呼这个具有某种戏谑和嘲笑意味的小字显然不那么恰当。“瞒”字有欺瞒、闭目等意，后人多用来讽刺曹操狡诈、妒贤、杀忠良、挟天子以令诸侯。看诗歌中都是怎么说的：“孔融汉儒者，本自轻曹瞒”“千年不作鸳鸯去，唤得书生笑老瞒”，还有更明显的“仲谋雄略只僭伪，阿瞒诡谲空奸邪”，即便在诗人眼里同样是“僭伪”的非正统，称孙权还算客气，而对“诡谲奸邪”的曹瞒就全然不留情面了。

除了称名，表示谦虚的自称还有“鄙人”“区区”“在下”“不肖”“不

才”等，“鄙人”原指住在郊野之人，意为自己鄙俗、见识浅陋。“区区”“在下”都表谦称，多用于戏曲中，鲜见于正史。如《警世通言》《老残游记》等，“在下”表位卑。“不肖”表示自己的才能不如祖辈父兄，唐韩愈《上考功崔虞部书》：“愈不肖，行能诚无可取。”“不才”即字面意思，表示自己没有才能。清刘鹗《老残游记》第十回：“不才往常见人读佛经，什么‘色即是空，空即是色’，这种无理之口头禅，常觉得头昏脑闷。”旧时男子自称“仆”，表奴仆之意，用于尊重长者，十分有意思的是，现在仆这个词保留在日语中，仍作为男子自称。

另外，按不同身份立场有各自的谦词，古代诸侯自称孤、寡、不穀。穀是善、美的意思，不穀即不善，王侯用以自警。臣对君自称“臣”或“微臣”，“微臣”表卑贱、微不足道之意。对长辈自称“小子”“小生”“晚生”。学生对老师自称“生”“受业”。妇女往往用“妾”“婢”“奴”“奴婢”等表示自己地位低下，对对方十分敬重。寡妇自称“未亡人”。比较有意思的是司马迁自称“牛马走”。司马迁在《报任少卿书》开头写道：“太史公牛马走司马迁再拜言。”此句中“太史公”为官名，“牛马走”意思是像牛马一样供驱使奔走的人，犹仆人。他用“牛马走”来代称自己，是自谦之词。

在称呼自家亲属的时候，常加上“家、舍、亡、先”这几个字表自谦。“家”用于长辈及比自己年长的亲属，如父母兄嫂，分别称作家父、家慈、家兄、家嫂。“舍”用于后辈及比自己年幼的亲属，如弟妹和侄子，称作舍弟、舍妹、舍侄，但儿女不用“舍”。已过世的长者用“先”，如先父、先母、先祖，

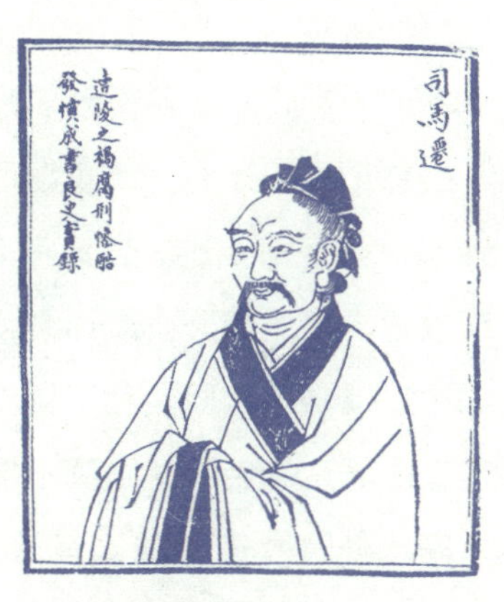

▲ 司马迁

与自己相近或比自己位卑年幼的用“亡”，如亡妻、亡妹、亡友。对自家儿女称犬子、犬女、小儿、小女，有涉世未深不懂道理请对方多多包涵的意义，即便心里面认为自家儿女是人中龙凤，口中也要称“犬”或“小”，把国人谦虚品质表现得淋漓尽致。称呼自己的妻子也一定要用谦称，“内人”“拙荆”，东汉梁鸿妻孟光生活节俭，荆钗布裙，因此后来用“拙荆”来谦称自己的妻子。同时自己的住处也被称为“寒舍”。

对自己用谦称，对别人则需要用敬称了，“阁下”“足下”是对一般人比较普遍的称呼，按身份来分，对国君帝王用“陛下”，对王侯皇子用“殿下”，对将军统帅用“麾下”。既然都是地位高贵显赫的尊长者，明明应当在自己之“上”，因何用“下”呢？其实“阁下”“陛下”“殿下”“麾下”原本都并非指被称呼者本人。以前亲朋间走动需要阁下的侍从转告，“阁下”用来称呼侍从。“陛”的本义是宫殿的台阶，考虑到帝王的身份和安全问题，要通过台阶下的近臣移交转达而告之帝王，“陛下”就是对这些人的称呼。“殿下”“麾下”亦是同理。

称呼对方亲属，常用到“令、尊、贤”等字，均有敬重赞美之义。如“令堂”“令尊”“令妹”“令兄”“令嫒”“令郎”“令妻”等等，父亲亦可称“尊公”。对同辈友人互称“贤兄”“贤弟”，称呼老师为“先生”“恩师”。

称谓礼仪还有一个重要的部分，避讳。古代为尊者讳，为长者讳，为贤者讳，言行都要避开以此命名的事物，在文章书写中以形义相近的字代替，或故意少写一部分。避讳必须严格遵守，否则被视作大逆不道，有时还会因此遭灾罹难。官职名称不得犯讳，比如父辈名字中有“理”字，就不能在大理寺任职，倘若故意隐瞒不报，一经查实削官判刑。被誉为“诗鬼”的李贺才高八斗，及第有望。有同科试子嫉妒他的才华，就说李贺父亲名为李晋肃，“晋肃”与“进士”音近，李贺身为孝子理应避讳，不得举进士。李贺因

此没有考上进士，一腔抱负付诸东流，一身才华只得诉之笔墨，郁郁寡欢，死时年仅二十七岁。这听起来十分荒唐，韩愈曾经谑道：“父名晋肃，子不得举进士；若父名仁，子不得为人乎？”父亲叫晋肃，儿子不能考进士，那如果父亲名字里有“仁”字，儿子岂不是不能做人了吗？

《诗经·小雅》有言：“彼都人士，狐裘黄黄。其容不改，出言有章。行归于周，万民所望。”那些京都的人士，狐皮袍子亮黄黄。他们容貌不曾改，说出话来像文章。行为遵循西周礼，正是万民所希望。两千多年前的礼仪专著选集《礼记·少仪》写道：“言语之美，穆穆皇皇。朝廷之美，济济翔翔。”穆穆者，音声和气，有教养的样子；皇皇者，容止端正优美的样子。这里是说，言语之美，在于谦恭、和气、文雅。故而在仪容、言谈举止之间就能看出一个人是否知礼懂礼。

漢鄭氏註

禮記

稽古樓梓

禮記目錄　漢　鄭　氏　註

曲禮上第一

名曰曲禮者以其篇記五禮之事祭祀之說吉禮也喪荒去國之說凶禮也致貢朝會之說賓禮也兵車旌鴻之說軍禮也事長敬老執贄納女之說嘉禮也此於別錄屬制度

▲《礼记》

第三章 生命礼仪

生之以礼 终之如仪

婚仪

寿比南山

再醮

出嫁

诞生

笄礼

寿礼

冠礼

笄礼

丧葬

谨而从之

六礼

服丧

成人之道

乃生男子，载寝之床，
载衣之裳，载弄之璋。
其泣喤喤，朱芾斯皇，
室家君王。乃生女子，
载寝之地，载衣之裼，
载弄之瓦。无非无仪，
唯酒食是议，无父母诒罹。
——《诗经·小雅·斯干》

诞生礼 不孝有三，无后为大

我们的老祖宗非常重视生育和子嗣繁衍，孔子说过“未知生，焉知死”。《诗经》里也这样歌颂：“乃生男子，载寝之床，载衣之裳，载弄之璋”，“乃生女子，载寝之地，载衣之裼，载弄之瓦”。后来孟子留下了一句名言：“不孝有三，无后为大。”后人有争论说孟子的本意不是重男轻女，这都是用现代观念揣度古人，孟子的本意我们不争论，但这句话的影响确是实实在在的。老祖宗传统观念里特别重视香火延续的问题，即使在今天男女平等的观念深入人心，但生育子女并抚育成人，依然是根深蒂固的传统。用形式多样的节日和礼仪来纪念子孙的出生和成长，则是这种观念的集中体现。这些生育礼仪花样繁多，如“三朝”“满月”“命名”“抓周”“百日”“周岁”“生日”等。

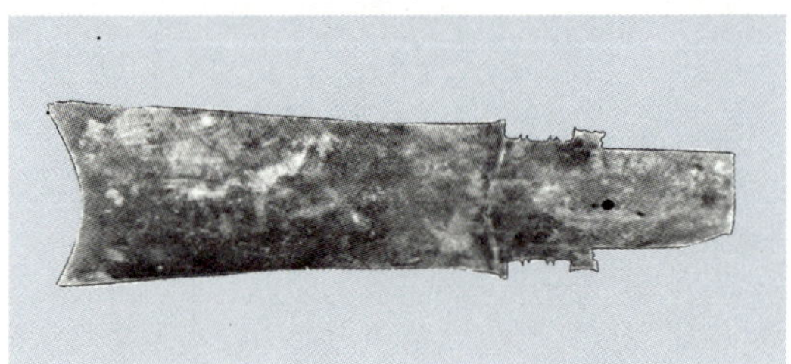

▲ 玉璋

中国古代传统的人生观更看重现世人生而非死后世界，因此道教修仙服药求长生不老。否定今生、追求来世的观念是在佛教传播至中

国之后才为中国古代人民所接受的。在中国古人眼中，长命久寿是一个人的最大福祉，婴儿降生是家族的一件大事。“三朝”“满月”“命名”“抓周”“百日”“周岁”“生日”等一系列诞生礼都围绕着“长命”这一主题，也寄予了长辈对新生儿的祝福和愿望。

新生儿的降生往往给家庭带来喜悦和希望，中国人对此十分重视，所以可以想象，传说中镇守陈塘关的李靖在夫人怀胎三年零六个月后得到一个肉球是多么怒不可遏，巨大的期望落了空，而且生得一个怪胎，难怪乎他怒而提剑就砍，丝毫没有“骨肉之情”。

那么，这一系列的人生礼仪是如何运行的？且看：

《诗经·小雅·斯干》载：“乃生男子，载寝之床，载衣以裳，载弄之璋。”指男孩出生后将他放在床上，穿上漂亮衣服，给他玉璋把玩，愿他今后君子如玉，即“弄璋之喜”。“乃生女子，载寝之地，载衣之裼，载弄之瓦。”生女孩则将她放在地上，把她裹在襁褓中，给她一片纺砖（即纺锤），希望她将来能精通女工，即“弄瓦之喜”。

▲ 清·吴友如《弄璋吉庆图》

“三朝”是指婴儿出生的第三天，亲朋好友都前来道贺，在这一天施行的礼仪就称为三朝礼。三朝礼主要包括“洗儿礼”“添盆礼”“酒筵礼”等。在这一天要将婴儿洗得干干净净，称“洗三”，又称“洗三朝”。洗儿礼一般由婴

◀ 宋·佚名《妃子浴儿图》

儿外祖母主持，用桃树根、李树根、梅树根煎煮的水，也有用艾叶煎煮之水边帮婴儿洗浴边念诵“长流水，水流长，聪明伶俐好儿郎”和“先洗头，做王侯；再洗腰，一辈更比一辈高；洗脸蛋，做知县；洗洗沟，做知州”等祝福歌词。

“洗三”风俗起源很早，唐代便已经盛行了。韩偓《金銮种记》云：“天复二年，大驾在岐，皇女生三日，赐洗儿果子。”宋司马光《资治通鉴》载有唐代“洗三”风俗：“上闻后宫欢笑，问其故，左右以贵妃三日洗禄儿对。上自往观之，喜，赐贵妃洗儿金银钱。”另据宣城《梅氏家谱》载称：梅尧臣五十八岁得幼子，三朝，欧阳修、范仲淹等皆作“洗儿诗”以贺。足见宋时此俗已十分风行。

“洗儿礼”结束后，接下来本家长辈往一个干净的盆子里放财物和喜果，一般有银或金质的项圈、手镯，还有彩饼、红蛋、花生、红枣、栗子、橘子等，以示吉利。此为“添盆礼”。之后主人会大摆酒筵，邀请亲朋好友共贺新生儿降生这一家族的大喜事，即为“酒筵礼”。

婴儿出生后的第三十天称为“满月”，又称“弥月”。这一天举行的礼仪为“满月礼”，包括“命名礼”“剃头礼”“认舅礼”等。“命名礼”即生父请长者为孩子命名。取名，蕴含着中华民族深厚的文化内涵，古人的名字少则两三个，文人士子算上号和笔名就有更多。一般有乳名、小名、学名、字、

号等等，此时家族长辈为孩子取的是小名，等入学时再由老师取学名，也就是大名。在我国传统典籍《礼记·内则》中详尽地记载了西周、东周时期的命名制度，奠定了汉民族约两千年间给下一代命名礼仪的基本模式。取名之后要施行“剃头礼”，即给孩子剃胎发。据宋孟元老《东京梦华录·育子》篇载，宋时婴儿满月已有剃头礼：“浴儿毕，落胎发。”整个剃头仪式隆重严肃，剃头方式也十分讲究。胎毛通常不能剃光，头顶或脑门处须留下一小撮，眉毛则全部剃光。剃下的胎发必须谨慎处理，有的地区用红纸包好后放在大门顶上，意谓步步登高；有的则是搓成圆团，用彩线缠好，挂在床头避邪。现在有些父母喜欢将孩子后脑勺的胎发留下来，扎成小辫，显得非常可爱。

▲ 长命锁

满月之时，主人家还要请亲朋好友吃满月酒，称之为“弥月之喜”。

婴儿出生后的第一百天，又是一个重要的日子。民间在此日进行庆祝仪式，叫作“过百日”，北方人多称“百岁”，取“长命百岁”之意。在这一天会给孩子佩戴长命锁，穿上百家衣。“锁”有锁住、套牢之意，将孩子锁住，这样妖邪就无法从父母身边夺走孩子了。旧时生活条件不好，孩子多有不待长大就夭折的，长命锁饱含了长辈对孩子的美好祝愿。百家衣是从各家讨来的碎布缝成的，样式仿佛僧侣的百衲衣，讨布的人家数和布的花色均是越多越好。在百日这天，主人家通常也是要大摆筵席的，俗称“百日酒”。部分地方孩子百日时还需要举行“认舅礼”。

婴儿出生满一岁，称为“周岁”。婴儿度过了一年的春夏秋冬，生命体征也基本稳定下来，周岁庆祝就显得格外重要。在中午吃长寿面之前，家庭会举行“抓周”仪式，北齐颜之推《颜氏家训·风操》载：

> 江南风俗，儿生一期，为制新衣，盥浴装饰。男则用弓、矢、纸、笔，女则用刀、尺、针、缕，并加饮食之物及珍宝服玩，置之儿前，观其发意所取，以验贪、廉、愚、智，名之为“试儿”。

抓周时，用长方形托盘盛着文房四宝、算盘账簿、金银首饰、刀剑枪戟、吃食玩具、缎面花朵、脂粉梳子、绣线剪刀等物什，让孩子在没有任何引导的情况下自由去抓自己倾心的物件。家长则根据孩子抓取的物件卜测孩子的前途志趣、个性特征和将来从事的职业。抓取笔墨纸砚，必成文人；抓取兵器，必成武人；抓取算盘，则成商人；抓取脂粉梳子，则难成大器，是个“好色之徒”；女孩子抓取了缝纫用具，则将来心灵手巧，善于女红。

古典小说《红楼梦》第二回中贾老爷要试宝玉将来的志向，本盼着这个含玉出生的好儿子能抓取笔、纸之物，将来做个规矩的读书人。结果宝玉放着满目的琳琅不顾，只手就伸向那些个脂粉钗环。贾老爷这就不高兴了，认

▲抓周物件

为这儿子将来必是酒色之徒。

据说，三国时孙权就用抓周试探皇孙。吴主孙权称帝未久，太子孙登病逝，孙权有意另立太子。立嗣大业千秋万代非同小可，孙权难以选择，犹豫未定。正巧有一个叫景养的人求见孙权，进言立嗣传位乃千秋万代的大业，不仅要看皇子是否贤德，而且要看皇孙的天赋，并称其有法可甄别贤愚。景养就用了这“抓周”占卜的法子。择一吉日，诸皇子各自将儿子抱进宫来，景养端出一个满置珠贝、象牙、犀角等物的盘子，让小皇孙们任意抓取。皇孙们都乐意抓取珠宝财物，偏偏孙和之子孙皓，一手抓起简册，一手抓起绶带。孙权于是册立孙皓之父孙和为太子。

抓周这种习俗虽属迷信，但同时也寄托了父母对子女的期望之情，所谓“望子成龙”“望女成凤”，长辈们都希望提前预测子孙未来能否有出息，并通过这种简单的仪式寄托心切的希望。一般来说，孩子长大之后的生日庆祝就显得不太重要了。直至六十岁以后，每逢五或逢九则为老人祝寿。“寿”这一核心概念始终贯穿人生礼仪的各个环节。

如月之恒，如日之升，
如南山之寿，不骞不崩。
如松柏之茂，无不尔或承。
——《诗经·小雅·天保》

寿礼 松鹤延年，寿比南山

中国民间信仰的神灵里，有一位寿星，年数极高，高到不知道他经历过多少春秋寒暑，据说有一千多岁。老寿星头特长，额头奇高，鹤发白须，象征长寿不衰。他通常拄一根弯弯曲曲的龙头拐杖，上面挂着一个看似装满灵丹妙药的金色葫芦。谁也没有见过老寿星，他的形象主要出现在年画、民间绘画中，一般来说，福禄寿三星或者福禄寿喜四星是同时出现的，寄托了老百姓对美好生活的向往。寿星的形象经常和松鹤一起出现，象征人们对家中老人健康长寿的美好祝愿，是中国自古以来形成的尊老、重老传统美德的体现。

松鹤延年即祝福他人如松鹤般高洁、长寿。在中国文化里，松树卓尔不群，傲岸挺拔，不屈不挠，且其树龄长久，经冬不凋，因此人们常用它来象征长寿常青；鹤性情高雅，形态美丽，被称为“一品鸟”，地位仅次于凤凰，常与成仙得道联系在一起，逐渐有了长生不死的象征意义。后世常以“鹤寿”“鹤龄”“鹤算”作为祝寿之词。因此，松与鹤合在一起，也即表示长寿的意思。

寿星又叫南极老人星，指角、亢二宿，是二十八宿中东方七宿中的头二宿，为列宿之长。寿星是古代汉族神话中的长寿之神。根据司马迁《史记·天官书》记载，秦朝统一天下时，在咸阳建造了寿星祠，供奉南极老人星。但供奉他的理由，却与今天不相同。南极老人星常常是在秋分时节出现于南郊，只要老人星出现，天下就太平安定，国运就能长久；如果不出现，就会有战乱之灾。由此可见，寿星在当时是作为掌管国运兴衰、人间祸福的一种星相而被供奉的。后来才慢慢演化为人人崇拜的长寿之神。

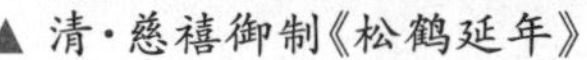

▲ 清·慈禧御制《松鹤延年》

寿星的人神化与祭祀的风俗有一些关联。东汉明帝在位期间，曾主持一次祭祀寿星的仪式。他亲自奉献供品，宣读表达敬意的祭文。同时还安排了一次特殊的宴会，与会者是清一色的古稀老人。普天之下，只要年满七十岁，无论贵族还是平民，都有资格成为汉明帝的座上客。盛宴之后，皇帝还赠送酒肉、谷米和一柄做工精美的手杖。这件盛事记录在《后汉书·礼仪志》中，同时敬奉天上的寿星和人间的长寿老人，是汉明帝的一大创举。

到了唐宋时期，国家祭祀越来越多，所以关于寿星的故事也逐渐清晰精彩起来。

宋仁宗嘉祐八年（1063），首都开封城里出现了一个道人，在街市上游走算命。道人的相貌非常古怪，酒量也很大，全城的人都觉得很好奇，不知道他从哪里来，有好事者偷偷画下了道人的相貌。仁宗皇帝的侍从把道人引荐到宫廷中，皇帝赏赐给他一石酒，他一口气喝了其中的七斗。第二天司天台向仁宗上奏：我们昨晚夜观天象，看到天上的寿星靠近了帝王座。这时仁宗

▲ 清·吴友如《寿星图》

皇帝和一干大臣才恍然大悟，原来这位道人就是寿星，回头再找，他已经无影无踪了。到宋真宗的时候寿星再次出现，为了纪念他，真宗皇帝命人画了一幅画像，这就是我们今天看到的寿星的形象。

后来人们把家中年长的老人称为“寿星”“老寿星”，子女晚辈都要定期为老人祝寿。祝寿要为老人准备祝寿礼物，还要发表祝寿词。送给老人的祝寿礼物花样很多，可以是衣物鞋帽等日常生活用品，也可以是鸡鸭鱼肉、寿面、寿桃、寿糕等食品，或者是寿幛、寿联、寿屏、寿匾。

汉族民间生日有吃寿面的习俗，相传源于西汉年间。一天，汉武帝与众大臣闲聊长寿之道。汉武帝说：“相书上讲，人中（指鼻和上唇之间的距离）长，寿命就长，若人中一寸长，就可以活到一百岁。”汉武帝身边的大臣东方朔听后不禁笑了起来，众大臣莫名其妙，都怪他对皇帝无礼。汉武帝问他笑什么，东方朔解释说：“我不是笑陛下，而是笑彭祖。人活一百岁，人中一寸长，彭祖活了八百岁，他的人中就长八寸，那他的脸有多长啊。”众人听了也大笑起来。脸即面，“脸长即面长”，“面长则寿长”，于是人们就借用长长的面条来祝福长寿。寿日吃面，表示延年益寿。渐渐地，这种做法又演化为生日吃面条的习俗，称之为吃“长寿面”。这一习俗一直流传至今。

送寿桃是汉族传统民俗之一，象征着晚辈对长辈的孝敬。每当老年人过生日时，做儿女的都要送寿桃给老人，以祝老人健康、长寿、幸福。而旧时人们认为老人吃了寿桃会变年轻进而长寿。

为什么桃子在贺寿之时居于如此重要的地位呢？这大概同古代汉族人民

对桃树的信仰及西王母的神话传说有关系。《神异经》记载：“东方有树，高五十丈，叶长八尺，名曰桃。其子径三尺二寸，和核羹食之，令人益寿。”可见，桃树是神树仙木，其果实可以益寿。至于向人馈赠“寿桃”的风俗应追溯到西王母向汉武帝赠桃的传说：汉武帝崇尚仙道，西王母便派使者告知自己某时某刻会来；七月七日夜漏七刻，西王母乘云车来到了汉武帝宫殿的西侧，有三只青鸟侍立在西王母的左右；西王母赐汉武帝五个大桃，并告诉他，这是三千年才结一次果的仙果。这里赠桃暗含了赠寿的意思。这也就是今天的人们在给老人过生日时摆寿桃、赠寿桃的原因吧。现在的寿桃多以麦面做成桃形，里面包有枣泥、豆沙等馅料，蒸熟后在其顶端染上桃红色。

一般来说，老人都是过整数寿，比如六十岁、七十岁、八十岁……越往后越隆重。在西北地区还有“男过九，女过十”的说法，即男寿星五十九岁时就过六十岁大寿，六十九岁时过七十大寿；女性逢六十岁、七十岁、八十岁再过，平日里都过普通生日。但老寿星的一生中，六十六岁、七十三岁、八十四岁这三个生日往往会被特殊对待。六

▲ 现代·蔡铣《寿桃》

▲ 现代·蔡铣《献寿图》

十六象征“六六大顺”，这是民间非常看重的一组数字，自然会被子女们尤为看重，一般会举行非常隆重的庆典仪式。谚云“七十三、八十四，阎王不叫自己去”，这两个年龄点对老人来说是比较难逾越的坎，所以平日里子女们一整年间都会加倍呵护，希望老人能顺利度过七十三岁、八十四岁两道坎。

祝寿当然少不了致祝寿词。祝寿词的内容分为三部分，开篇赞颂老寿星一生的光辉勤奋和取得的成绩，再叙述老寿星对子女后代和身边人的影响，最后表达最诚挚的祝福和敬意，祝老寿星福星高照，寿比南山。类似的祝寿贺词还有“福如东海长流水，寿比南山不老松”“鹤算千年寿，松龄万古春”等。

祝寿的仪式和程序，一般是这样的：

一、确定司仪举行仪式，由晚辈中最有号召力和组织能力的人担任，最好由寿星的兄弟或长子来担任，或者在亲戚中邀请他人担任。

二、确定迎宾迎接客人，一般是寿星的子孙辈中的两位分列左右，在门口代表寿星迎接客人、接受礼品。

三、在祝寿典礼开始时，先请寿星出堂，由儿孙辈搀扶，坐于上座正中的椅子上。

四、寿星坐定之后，由司仪根据到场的亲友情况，分批安排到场的亲友向寿星祝寿。其顺序是先晚辈，后亲戚，最后是朋友、同事、学生等。晚辈行三鞠躬礼，其他来宾灵活掌握（一鞠躬、三鞠躬均可）。司仪应先向大家介绍来宾中比较重要的亲朋好友。

五、献寿礼，由司仪或身边子孙代收，放置在事先准备的礼品桌上；如果有送来的贺词、贺信、寿联、寿诗等，由司仪当场宣读。

六、行礼完毕，由子孙代表和来宾代表各一人先后致祝寿词。

七、祝寿词致毕后，由司仪或寿星指定的一位晚辈代表寿星表示答谢。

八、寿宴开始。寿宴的最后一道是吃“长寿面”，是祈寿的重要表现。而且面越长，象征老寿星的寿命越长，皆大欢喜。

寿礼体现的是中国传统文化中的孝道精神，孔子说：“父母在，不远游，游必有方。”他主张一定要生活在父母身边，父母去世之前，不能轻易离开，即使离开也要告知去向。所以在父母寿终正寝之前，作为子女要陪伴父母的这段生命历程，并筹划好父母的寿礼活动，让老人笑口常开，能祥和平静地离开这个世界。

▲ 清·蒋廷锡《群芳争妍》

已冠而字之，成人之道也。
——《礼记·冠义》

已冠而字，成人之道

在世界各地，远古氏族社会都曾普遍盛行一种“成丁礼”，是氏族中的青少年跨入成年阶段时需要接受的一种成年礼仪，这种礼仪早期往往是一种宗教仪式，其间青少年要经受各种身体和智力的考验。这种仪式的完成代表他们正式成为氏族中的一员，可以参与各种生产、战争活动，而儒家则捕捉到这种人生礼仪的价值意义，将其合理继承，演变为后来的“冠礼”。《礼记·冠义》：“冠者，礼之始也。”《仪礼》中将《士冠礼》置于首篇，认为冠礼是群礼之始，对其重要性进行肯定。《仪礼·士冠礼》比较完整地记载了士冠礼的细节、程序。

古代冠礼是贵族男子必经之礼，而平民则被排斥在外。在嫡长子继承制的宗法制度之下，先帝去世后嫡长子无论长少均可以继位，但未曾加冕的幼年帝子不能亲掌朝政，必由他人摄政辅佐。而一般的士子未曾加冠，也不可在朝中担任重要官职。

冠礼从周代一直流传下来，但其间也随着时代的发展渐而废弛，经由各种外来文化的冲击，不复有古时气象。到了南北朝及隋唐时期，冠礼一度废而不行。唐朝的文学家柳宗元在《答韦中立论师道书》中说：“古者重冠礼，

▲ 冠礼

将以责成人之道，是圣人所尤用心者也。”而“数百年来，人不复行”，他为此感到忧心，还举了一个故事。当时唐代大多数人已经不行冠礼，有个叫孙昌胤的人下决心恢复这种礼仪。仪式结束后，第二天上朝，他走到外廷，将笏板插入腰带对同僚们说：“我的儿子已行冠礼。”众人皆感莫名其妙。京兆尹郑叔佛然而怒，垂下笏板后退几步立住，斥道：“这与我何干？”在场诸人皆哈哈大笑。柳宗元认为天下人都不非议郑叔而嘲笑孙昌胤，是因为他行众人不为之事。可见当时的士大夫已经不再重视冠礼了，因而才把独行冠礼者视为笑料。

到了宋代，著名学者司马光和程颐都曾严词反对废弛冠礼，主张要在全社会复兴冠、婚、丧、祭等礼仪，以此弘扬儒家文化传统。司马光在《书仪·冠仪》中曾痛心疾首地说：

> 冠礼之废久矣。……近世以来，人情尤为轻薄，生子犹饮乳已，加巾帽，有官者或为之制公服而弄之，过十岁犹总角者盖鲜矣。彼责以四者之行，岂知之哉？往往自幼至长，愚騃如一，由不知成人之道故也。

司马光砸缸救人的故事家喻户晓，可见其自小就见识、勇气过人，后来反对王安石变法，人们似乎认为他是保守守旧势力，其实也不见得，司马光反对的是峻急严苛的做事方式，对传统伦理和社会秩序颇有温情。司马光在这里认为，当时社会上冠礼被废弛太久，世俗人情对传统的冲击和危害太大了，官宦人家喜欢给年幼的孩子穿上官服逗弄，人情世故轻薄如此，所以培养出来的子女自幼至长，没有庄重感和仪式感，不知已成人，需要担起家庭社会责任，而依然昏昧如从前，于社会和个人都十分有害。为了顺应时变，司马光将《仪礼·士冠礼》加以简化，使之易于为大众掌握。此外，还根据当时的生活习俗，将三加之冠作了变通：初加巾，次加帽，三加幞头。程颐也倡导恢复冠礼，因而有言：“冠礼废，则天下无成人。”

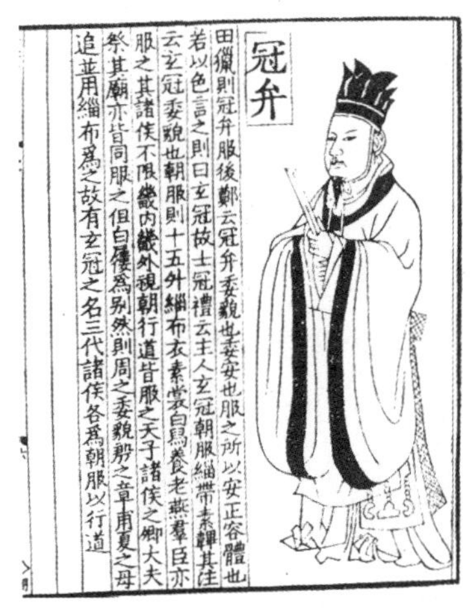
冠弁
田獵則冠弁服後鄭云冠弁委貌也委安也服之所以安正容體也
若以色言之則曰玄冠故士冠禮云主人玄冠朝服緇帶素韠其注
云玄冠委貌也朝服則十五升緇布衣素裳白舄養老燕羣臣亦
服之其諸侯不限畿內畿外視朝行道皆服之天子諸侯之卿大夫
祭其廟亦皆同服之但白屨爲別然則周之委貌殷之章甫夏之毋
追並用緇布爲之故有玄冠之名三代諸侯各爲朝服以行道

▲ 宋·聂崇义《新定三礼图》(冠弁)

幸而到了明朝迅速恢复了被破坏的华夏礼仪制度，冠礼实现了第二次复兴。明洪武元年（1368）诏定冠礼，从皇帝、皇太子、皇子、品官，下及庶人，都制定了冠礼的仪文。总的来看，明代冠礼比较盛行。可清军入关，华夏衣冠文化再度遭受了严重的破坏，冠礼进入了自南北朝以来第二次长时间的沉沦期。清初剃发易服政策直接摧毁了华夏衣冠礼仪的文化土壤，衣冠发式俱毁，汉民族从此告别了延续几千年的加冠礼仪。在社会整体的文化环境下，冠礼逐渐湮灭在历史之中。

现今，我们也失却了成人礼的传统，更失去了成人礼的精神。“不知成人之道”，社会伦理秩序和道德秩序如何维持？岂不是都没了责任感、义务感，永远“长不大”？这不但是背弃了传统，也是放弃了秩序。

冠礼在儒家学者心目中具有不可替代的重要作用，是一个人成长过程中

必经的人生礼仪。只有举行冠礼，才能完成一系列的角色转变，履行为人臣子、人子、兄弟、晚辈的责任。《礼记·冠义》曰："已冠而字之，成人之道也。……成人之者，将责成人礼焉也。责成人礼焉者，将责为人子、为人弟、为人臣，为人少者之礼行焉。"也就是说，加冠取字预示着成人，成人之后需要遵守成人的一套礼仪规范和行事准则，也就是担负起成人的责任和义务，将自己置身于君臣、父子、兄弟等社会和伦理关系中。成人之后，你不再是以前的那个少责任感、较少承担义务的未成年人了，而是一个顶天立地独当一面的成人了。古代行冠礼的具体程序如下：

古代氏族中的男丁到了二十岁，即弱冠之年，可以为之举行成年礼。《礼记·曲礼上》有言："男子二十，冠而字。"说的便是男子到了二十岁，加冠取字。作为家族一员的成年仪式，冠礼必须在祖庙中举行。首先需要专门负责卜筮的人用蓍草卜定吉日。《礼记·冠义》中说："古者冠礼，筮日筮宾，所以敬冠事。"日期确定后，受冠礼者的父亲要提前三日通知亲朋好友，邀请他们届时前来参加孩子的冠礼。主人还要从中挑选一名正宾，一名"赞者"，"赞者"作为助手协助正宾进行加冠仪式。因此正宾是不可缺席冠礼的，主人需在前一天再做邀请。通过占筮卜定日期以及庄重选择正宾都是重视礼法绝不轻率的表现。"敬冠事所以重礼，重礼所以为国本也。"礼法乃治国之本，这是中国传统社会的共识，冠礼则是这一系列礼仪中非常重要的一环，所以维护国本的离不开以冠礼为代表的传统礼仪制度。

冠礼中的重点环节就是三次加冠，由正宾依次将准备好的三种冠，即缁布冠、皮弁和爵弁加于冠者之首。首先加缁布冠，缁布冠因用缁（黑）布制成，故名。其形制似玄冠而无缨。然后加皮弁，皮弁略似后代瓜皮帽，用兽皮制成，略尊于缁布冠，表示成年子弟需要服兵役。最后加爵弁，形似冕而无旒，爵通"雀"，这种弁颜色赤黑，如雀头颜色，故名。爵弁和爵弁服是庄

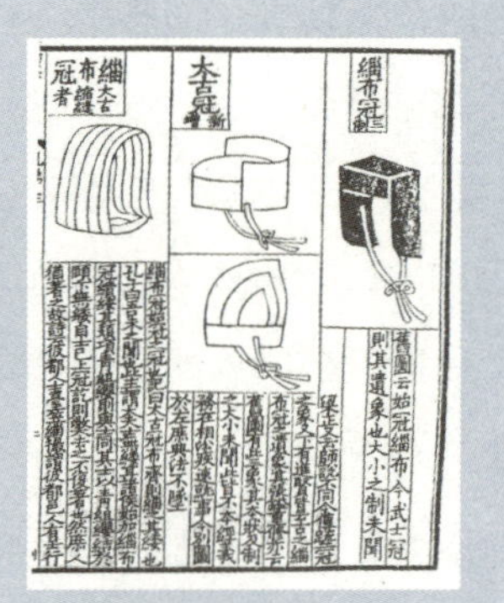

▲ 缁布冠

▲ 皮弁

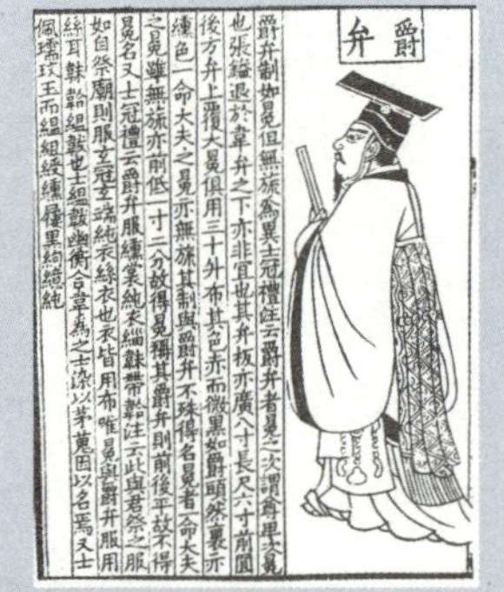

▲ 爵弁

重祭祀场合穿戴的，表明青年人从此有参加祭祀的权利。《礼记·冠义》曰：“故冠于阼，以著代也。醮于客位，三加弥尊，加有成也。”郑玄注：“冠者，初加缁布冠，次加皮弁，次加爵弁，每加益尊，所以益成也。”冠三次，一次比一次尊贵隆重，寓意受冠者事业渐成，越来越有出息。《梁书·阮孝绪传》云：“冠而见其父，彦之诫曰：‘三加弥尊，人伦之始。宜思自勖，以庇尔躬。’”阮孝绪是南朝梁著名的学者、目录学家，成人礼上梁父的谆谆告诫非常庄重，可见“三加”是冠礼的核心环节。

加冠完毕，宾客向其祝酒，祝贺他首次以成人身份出现在家庭中。而后正宾给其授字，“已冠而字之，成人之道也”“冠而字之，敬其名也”，都说明了表字的重要性。名是孩子生下来父亲为之取的，而字“表德”，与名有一定的释义上的联系，有尊重、重视之意，为成人交际中的互称。孔子自称“丘”，他人表示尊重，则要称呼为“仲尼”“子”“孔子”，是绝不可呼为“孔丘”的。周代人的取字，首字表排行，如伯、仲、叔、季等。次字与名字有联系，而末字则可以省略。

受冠者由西阶下堂拜见母亲和兄弟。而后冠者回家换上玄冠、玄端，分别拜见姑姑、姐姐、国君、乡大夫、乡先生（退休的卿大夫）。冠者是以成人的身份行种种见礼，表明他今后已经可以独当一面进行社会交往活动了。所以《礼记·冠义》中说："玄冠、玄端，奠挚于君，遂以挚见于乡大夫、乡先生，以成人见也。"乡大夫、乡先生要对其有所教诲。之后主人要酬谢正宾，向其敬酒，正宾回敬。主人以五匹帛和两张鹿皮相赠，正宾告辞，主人再派人将牲肉送到正宾家中。冠礼至此就全部结束了。

《仪礼·士冠礼》记载的冠礼仪式非常细致，也很复杂。冠礼的庄重就寄予在这套复杂的仪式里，对我们今天来说，要继承这种庄重心理，孔子说"礼主敬"就是这个意思，在此基础上，我们可以考虑恢复冠礼，制定出符合当下社会的成年礼仪，并作为一个优良传统代代相传。

女子许嫁，笄而字之；其未许嫁，二十而笄。

——汉·郑玄

笄礼 女子许嫁，笄而字之

前面说到男子成年需行冠礼，与之对应的，古代女子到了约莫十五岁的时候需要结发行笄礼。及笄之年，指的就是女子十五岁。笄即簪子，自周代起，女子年过十五，如已许嫁，便得举行笄礼，将发辫盘至头顶，用簪子插住，以示成年及身有所属。后来男子所用称簪，女子所用称笄。《礼记·内则》："女子十年不出……十有五年而笄，二十而嫁，有故，二十三年而嫁，聘则为妻。""有故"指遭遇父母之丧，必须守孝，不能成婚。东汉经学家郑玄为这段话作注时说："谓应年许嫁者，女子许嫁，笄而字之；其未许嫁，二十而笄。"十五岁在古代被视为女子最佳出嫁年龄，成婚时也要取字，然而未嫁的女子，到了二十岁也必须行笄礼。由此可见，女子笄礼与出嫁是密切相关的。

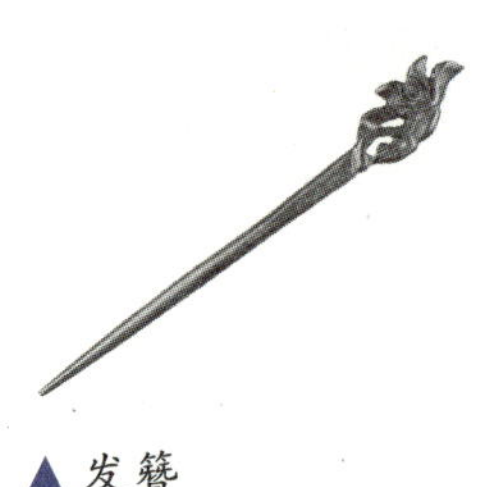

▲发簪

女子笄礼并不限于十五岁时举行，后来往往在女子订婚以后完成加笄，最迟也要在成婚前。由这种许嫁后行笄礼的习俗可见旧时女子的价值被局限在狭窄的范围内，多由当时对女性社会责任的判定所致。《仪礼·士昏礼》中记载："女子许嫁，笄而礼之，称

字。祖庙未毁，教于公宫三月。若祖庙已毁，则教于宗室。”女子笄礼完毕需要在公宫或者宗室去接受妇德、妇言、妇容、妇功一类的教育。

女子从小到大，所梳的发式不同，其象征意义也不同。在儿童时期多披发或梳鬟辫，至笄礼时这种幼年时期的发式就要改变，先将头发盘成髻，用黑布将其包裹，最后再用笄固定插好，表示女子已经可以出嫁了，所谓“结发夫妻”的说法就是指的这件事。大约古代男女地位有别，相对冠礼来说，典籍中对笄礼细节的记载就少之又少了，仪式的隆重性和复杂性也大不如冠礼。

笄礼的行礼日期一般在农历三月三，即上巳节，民间又称女儿节或桃花节，汉族少女在这个日子举行成人礼，赏桃花。邻国日本的女儿节也在这一天。

行礼的地点设在家庙，正堂东边搭建“东房”。礼器种类繁多，有席三张，醴、筷、几、盥、炉各一份。《朱子家礼·笄礼》记载：女子许嫁，即可行笄礼。如果年已十五，即使没有许嫁，也可以行笄礼。笄礼由母亲担任主人。笄礼前三日戒宾，前一日宿宾，正宾选择亲姻妇女中贤而有礼者担任。

笄礼开始，主人首先立于东面台阶位等候宾客，客人于场地外等候。笄者身着彩衣彩履于东边等候，主人将客人迎进来，笄者再缓步踏出，雅乐开奏。开礼后，主人简单向来客致辞，赞者一般为笄者的好友、姊妹，先走出来，洗手，于西阶就位，协助正宾行礼。接着笄者走出来，面南向宾客行揖礼，

▲ 笄礼

▲汉代襦裙

▲汉代窄袖绕襟深衣

▲汉代宽袖绕襟深衣

而后面向西正坐席上。赞者为其梳头，梳毕梳子放到席子南边。正宾于东阶下盥洗手，拭干。相互揖让后主宾与主人各自归位就座。

笄礼的中心环节就是由正宾依次将罗帕和发笄、发钗、钗冠三种发饰加到笄者头上，同时女孩改换三种服饰，初加穿襦裙，二加穿深衣，三加穿大袖长裙礼服。三次加笄的服饰，分别有不同的蕴义，象征着女孩子成长的过程——采衣色泽纯丽，象征着女童的天真烂漫；色浅而素雅的襦裙，象征着豆蔻少女的纯真；端庄的深衣（尤其是曲裾的），是公认的最能体现汉族女子之美的服饰，象征着花季少女的明丽；最后隆重的大袖礼服则反映了汉族女子的审美取向——雍容大气，典雅端丽。和冠礼的“三加”类似，这三次分别蕴含了不同的寓意和祝愿，所加的服簪也愈来愈尊贵。

初加时笄者转向东正坐，有司奉上罗帕和发笄，正宾走到笄者面前为其戴上罗帕和发笄，念祷祝辞曰：“令月吉日，始加元服。弃尔幼志，顺尔成德。寿考惟祺，介尔景福。”笄者起身，宾向笄者作揖祝贺。笄者回到东房换上襦裙，出房后向观礼宾客展示，然后向父母行拜礼，这第一拜是感念父母养育之恩。

二加时笄者面向东正坐；正宾再洗手，再复位；有司奉上发钗，正宾接过，走到笄者面前，高颂祝辞："吉月令辰，乃申尔服。敬尔威仪，淑慎尔德。眉寿万年，永受胡福。"赞者为笄者去发笄，正宾为笄者戴上发钗，起身复位。笄者回东房更换深衣，着深衣出来向来宾展示。然后面向正宾，行正规拜礼。第二拜以表对前辈师长的尊敬。

▲ 清·陈崇光《其乐融融》

三加时笄者面向东正坐；正宾再洗手，再复位；有司奉上钗冠，正宾接过，走到笄者面前，吟诵颂词："以岁之正，以月之令，咸加尔服。兄弟具在，以成厥德。黄耇无疆，受天之庆。"赞者除去发钗后正宾为其戴上钗冠，笄者回到东房，这回换上了大袖长裙礼服。笄者着大袖礼服、钗冠出房后，向来宾展示。然后面向来宾行正规拜礼，这是第三次拜。这一拜则蕴含着对家国对文化的敬重。

笄礼结束后，笄者跪在父母面前聆听教诲，父母训完话后笄者须回答："儿虽不敏，敢不祗承!"笄者再拜父母。

玉合卺杯

三加之礼完成后正宾要为笄者取表字，以表女子之德，而后在社会交往中与人互以表字相称。《礼记》有言："女子十有五年许嫁，笄而字。"尚未许嫁的女孩子是没有"字"的，所以中国人把女孩子还没有许嫁叫"待字闺中"。

男子束发而冠，女子束发而笄，皆已成年，可以婚配了。《礼记·曲礼上》："女子许嫁，缨。"缨是五彩发绳，女子许嫁以后就用它来束发，直到新婚之夜由新郎亲手取下，这是由女子笄礼发展而来的，使笄礼逐渐成为婚俗的一部分。杜甫在《新婚别》中说的"结发为君妻，席不暖君床"，通过新婚妻子的口吻悲诉婚后即遭遇乱世、生离死别的痛苦，这里的"结发为君妻"就是指笄礼之后婚配的过程，"结发夫妻"就是新婚夫妻。对新婚妻子来说，对未来新生活充满期待，结发誓言要一生陪伴夫君左右，结果连床席都没能温暖，丈夫就被抓丁，新婚燕尔变成了劳燕分飞，欢乐何乃太短。古时婚嫁及成年礼仪是十分严肃的事情，因此后世以"结发夫妻"指代原配夫妻。结发夫妻恩义深重，妾室与续弦则不能使用这个称呼。

结发仪式发展到后世，也同其他婚礼仪式一样淡化。古时新婚夫妇在饮合卺酒前各剪一缕青丝绾在一起，夫妻同心，白首不离。诗句中说的"结发为夫妻，恩爱两不疑"何其美满，令人钦羡。唐代女子晁采与情郎私订终身时，写了一首《子夜歌》："侬既剪云鬟，郎亦分丝发。觅向无人处，绾作同心结。"说明唐代已经有这种结发合髻的习俗了。《梦粱录》也详细记载了这种仪式的始末："行交卺礼毕，以盏一仰一覆，安于床下，取大吉利意，次男

左女右结发，名曰‘合髻’。”虽然后世学者中不乏反对这种合髻礼的，认为把结发礼和婚礼中的合髻礼混为一谈甚为庸俗可笑，但民间习俗是发展变化的，也很难墨守古书，这种结发仪式在宋代迅速流行开来。因为这种夫妻结发的象征意义已经远远大于其礼法意义了，反而与巫术有了密切的联系。《孝经·开宗明义章》说“身体发肤，受之父母”，头发是父母所赐予的身体的一部分，要善自珍重，这是人伦孝道之“始”，所以新婚夫妻将两人发丝结在一起，也是对儒家伦理道德的遵循和重视，是古老而无声的爱情誓言。

▲拜堂

不待父母之命、媒妁之言，钻穴隙相窥，逾墙相从，则父母国人皆贱之。

——《孟子》

六礼 婚仪六礼，谨而从之

自古才子佳人的故事套路我们见得多了。穷苦书生、落魄儿郎，偏逢着个待字香闺、春心暗萌的如花美眷，只为那万千人海中的惊鸿一瞥就倾了半生心力，从此眼里再也搁不下旁人。西汉时的才子司马相如，宴席上的一曲《凤求凰》博得美人暗许芳心。《诗经》中说得好：“窈窕淑女，琴瑟友之。”古人诚不欺我，看来司马相如是深谙此理。于是卓文君立即收拾细软，连夜与之奔往蜀郡，当垆卖酒以为营生，气得自家老父扬言一个铜板也不会再给这个“有悖礼法”的女儿。

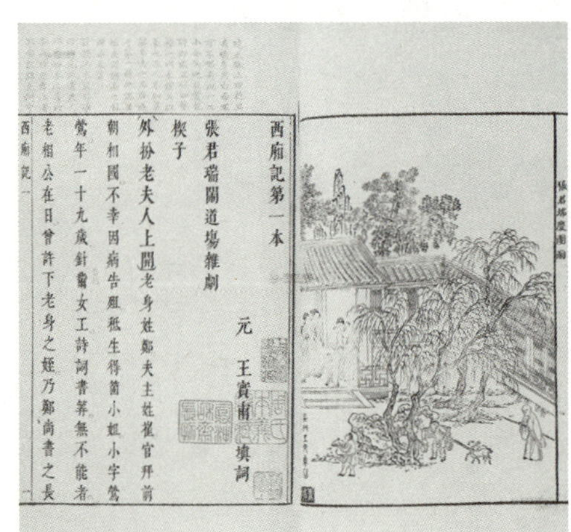

西廂記第一本

元 王實甫填詞

張君瑞鬧道場雜劇

楔子

外扮老夫人上開老身姓鄭夫主姓崔官拜前朝相國不幸因病告殂秪生得箇小姐小字鶯鶯年一十九歲針黹女工詩詞書筭無不能者老相公在日曾許下老身之姪乃鄭尚書之長

西廂記 一

▲ 元·王实甫《西厢记》

后来张生站在夜阑人静的西厢墙角，凝视着佳人燃香袅袅升腾的烟气，头顶银河玉宇，身畔月影花浮，蓦然想起了这茬。“我虽不如司马相如，我则看小姐，颇有文君之意。”于是高声

吟诵了一首诗，红娘只笑他是傻子，但兰心蕙质的小姐却颇有所感，当即依韵和了一首，叹闺阁寂寞，诉郎君衷情，好一个“一种相思，两处闲愁”。什么“父母之命”与墙垣都再也阻不断这对才子佳人的相逢，张生一介读书人，愣是逾越了那花园内的高墙，为睹佳人一面，以解相思之苦。小姐明明心中窃喜，却还不忘自己是相府的千金，矜持得厉害，大喊捉贼。

《孟子》有言：“不待父母之命、媒妁之言，钻穴隙相窥，逾墙相从，则父母国人皆贱之。”自古以来，但凡子女的婚姻，都必须经过父母同意之后，再由媒人进行介绍，然后男女双方才能结婚。如果不等父母开口，不经媒人介绍，擅自和自己喜欢的人私会，就会被父母和社会上的人耻笑，被认为是不遵礼教。因此，小姐对这等逾墙钻穴之举还是心有怯怯，这可苦了张生，摸不透美人心意，全不知她为何要临时变卦。一腔绵绵情思差点变成了一场官司，这一吓可吓得不轻，张生只对小姐相思难赋，辗转成疾，却不知小姐的苦衷也是一言难以道尽。正如《诗经·郑风·将仲子》所云：“无逾我园，无折我树檀。岂敢爱之？畏人之多言。仲可怀也，人之多言，亦可畏也！”

小姐深知父兄命难违，人言亦可畏之实情。可纵然如此，我们莺莺小姐却仍是个有情人，得知张生求之不得郁郁成疾，即刻便遣侍婢红娘给他送药方，寄词一首暗道良宵共度。次夜即奔了情郎去处，共赴那巫山上的一场云雨。

▲宋·陈居中《崔莺莺像》

如今提倡自由恋爱，人们竞相歌颂这种“奋不顾身”将一切置之度外的爱情。爱情故事被谱成新曲，填作唱词，被作家们的好文笔描画得瑰丽旖旎，一天天在各大频道的黄金档轮番开演。然而，故事戛然此处便是艺术的完满，往下便是生活的真实。卓文君后来面临着穷困和贫寒，如果说物质上的匮乏并不足以撼动他们的爱情，司马相如后来要纳妾，属于她一人的爱要分付他人，卓文君便感受到了真切的苦楚了。

《西厢记》的故事来源于唐代元稹创作的传奇小说《莺莺传》。《莺莺传》中张生对莺莺始乱终弃，更有甚者，大言如此："大凡天之所命尤物也，不妖其身，必妖于人。"如此文过饰非，不知莺莺闻此，可曾后悔昔年红袖添香的一片痴心。

其实色衰爱弛乃世间常态，只叹衣不如新，人不如故。人们多言此是有违礼法的恶果自食，似乎"门当户对"才能得到好结果，就像我们老祖宗在《礼记·曲礼上》中定的规矩："男女非有行媒，不相知名；非受币，不交不亲。"意即男女之间如果没有媒人往来提亲，就不得知道对方的名字；女方如果还没有接受男方的聘礼，男女双方就不要交往，不得亲密。违背世俗的爱情难有结果，到最后可能得不到好归宿，或相见两厌或不欢而散或始乱终弃，但一代又一代的文学家、艺术家却依然歌颂这种抛却一切的爱情，从未停歇。因为这是人间的真和善，是人们对美的无限憧憬和永恒追求，所以我们说"张生逾墙"与"莺莺夜奔"这样的行为是"合理"而不"合礼"的。

▲《西厢记》插图（崔莺莺正在读心上人的来信，红娘躲在屏风后窥探）

中国古代的婚姻之礼讲究明媒正娶，婚姻在重视家庭宗族的老祖宗那里可谓大事，直

接关系到传宗接代和家族盛衰，不怪得人们将婚姻一事看得如此重要。

《仪礼·士昏礼》记述士娶妻成婚的礼节仪式。“婚”字古作“昏”，“士娶妻之礼，以昏为期，因而名焉”。《说文解字·日部》：“昏，日冥也。从日，氐省；氐者，下也。”冥者，幽也，幽暗的意思，所以“昏”指太阳落山以后天色幽暗的样子。古代男子娶妻是在黄昏的时候，与现在不同。而且古时男子迎娶女子要经过六道程序，今天看来颇为繁琐，但不经过这般程序的男女私情便被认作逾礼越矩之举。《仪礼·士昏礼》规定的婚仪六礼实行于周代，亦传之后代，具体程序如下：

一为纳采，《礼记·昏义》孔颖达疏：“纳采者，谓采择之礼，故《昏礼》云：下达，纳采用雁也。”“纳采”通俗来说就是提亲，由媒人呈上礼物——雁，女方收下便是同意缔结婚姻。何以用雁呢？因雁为候鸟，往来有时有信，且雁失偶不再成双，“奠雁”以示忠贞。

二为问名，即男家行纳采礼后，再托媒人询问女子和其生母姓名及八字，以分清嫡庶，占卜吉凶。其间走动均交由媒人，男女双方私下并无接触，因此张生与莺莺私下交往的举动才被视为逾礼。问名又叫“请庚帖”，俗称“合八字”，帖上写明男女双方姓名、生辰八字、籍贯、祖宗三代等。后问名范围扩展到议门第、职位、财产以至容貌、健康等多方面内容。

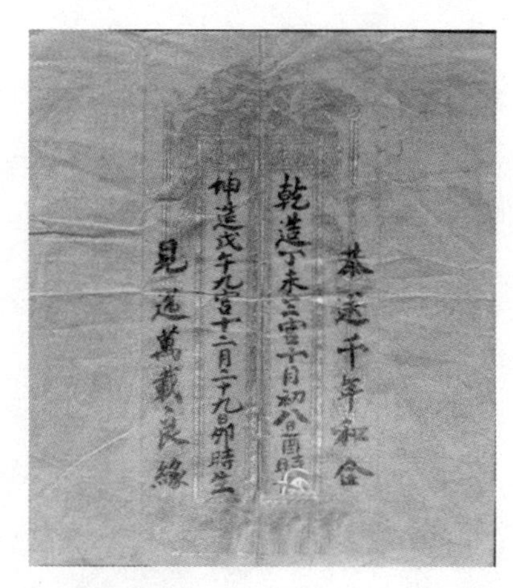

▲合婚庚帖

三为纳吉，男子获知女子之名后，便在祖庙占卜，获得吉兆便派遣使者携雁报喜至女方家中，倘若是凶兆则这段婚姻不能成事。《仪礼·士昏礼》曰：“纳吉，用雁，如纳采礼。”纳吉如同现在的订婚，也同纳采一样，男方要以忠贞不渝的大雁作为信物。

四为纳征，亦称纳币，即男方给女方家下聘礼。《礼记·昏义》孔颖达疏：“纳征者，纳聘财也。征，成也。先纳聘财而后婚成。”经此仪礼婚约才算成立。聘礼也是有讲究的，周代纳征礼物是“玄纁束帛、俪皮”，红黑色和浅红色的帛共五匹，象征阴阳齐备，成对鹿皮象征配偶成双。这个“俪皮”就是鹿皮，是以鹿祝愿生殖繁衍的意思。后来“鹿”因与“禄”谐音，又有了高官厚禄的象征意义。

五为请期，“请吉日将迎亲，谓成礼也”。男方家中经由占卜定下娶亲吉日后，使者又带着雁去女方家中征得同意。《仪礼·士昏礼》云：“请期用雁。主人辞，宾许告期，如纳征礼。”

六则是其中最为重要的环节，唤作亲迎。新郎在黄昏之时乘坐漆车前往女方家中，仆从们手持烛炬车前引路，仍赠与对方雁，新娘便被新郎领回家。可别以为这样就完事，到了新郎家中，男方设宴群请宾客，还要进行共牢、合卺等礼仪程序。“共牢”是夫妻合食祭祀后的牲肉，象征从此尊卑相同，三次作罢。再行合卺礼，即把一个葫芦剖成两半，新郎新娘各执一半，饮酒共漱，此番也是三次。至此便结成同甘共苦、永结同心的一对鸳鸯连理了。

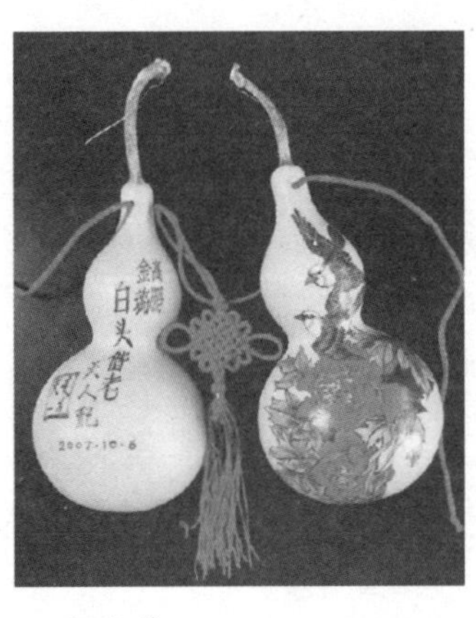

▲ 合卺尊

合卺始于周代，后代相卺用匏，而匏是苦不可食之物，用来盛酒必是苦酒。所以，夫妻共饮合卺酒，不但象征夫妻合二为一，自此已结永好，而且也含有让新娘新郎同甘共苦的深意。正如《礼记》所载：“所以合体，同尊

卑，以亲之也。”

上述“六礼”在庶民家中可能从简，但士大夫贵族阶层却恪守这般程序。想那老夫人闻说莺莺夜奔一事险些气岔过去，也是可以理解的。莺莺毕竟是相国女儿，暗夜里行这等“勾当”岂不辱没了家族声名？孽障啊孽障，女儿没了清白，只那禽兽张生捡了便宜。

礼教存着“天理”，但灭不了人情尘欲的一切“人理”。在当时的社会大风气下，人性长期遭高压镇守，冲破礼教的阻滞实在需要莫大的勇气。如今诸君或许难以感同身受，但遥想当年黛玉读到牡丹亭内的一场游园惊梦兀自暗付了多少眼泪和情思？

▲ 清·余省《柳雁图》

两姓联姻，一堂缔约，良缘永结，匹配同称。看此日桃花灼灼，宜室宜家，卜他年瓜瓞绵绵，尔昌尔炽。谨以白头之约，书向鸿笺，好将红叶之盟，载明鸳谱。此证。

——民国婚书

一堂缔约，良缘永结

汉元帝时，国力尚且强盛，但仍有匈奴犯边，狼烟不绝。南郡秭归有一户王姓人家，生了个女儿，名嫱，字昭君，相貌姝丽，端庄娴静，有落雁之姿。其父认定自家女儿绝非凡品，拒绝了一切凡夫俗子的示好，执意把女儿送进皇家城阙的深宫大院里，做了一名宫女。不消我跟大家说，长门宫怨、秋凉团扇的故事诸君也都有耳闻，昭君在宫里不得帝王临幸的日子过得如何是能够想象的。昭君在正史上的记载不过寥寥数笔，书写的是她出塞和亲的千秋功业。而我观稗官野史，说是宫廷画师毛延寿从中作梗：因为昭君品性高洁不屑贿以钱财，毛延寿便把她画得极为难看，让汉元帝刘奭注意不到她。可想而知，当时昭君的日子一定过得十分艰难。彼时刘奭出于政治远见，要选一名宫女与匈奴和亲。若言昭君明大义，或许也有可能，但云一名久居深宫的女子有这般见地，不如说她一听见这个消息，心想与其在深宫大院交付了这一生，远去他邦和亲或是转机。刘奭很悔恨，因为他才刚发现昭君貌美如花，她就要远嫁那个蛮荒之地的匈奴单于。最后，毛延寿自然因欺君之罪掉了脑袋，可昭君还是离开了长安。

汉家公主远嫁的场景：长河落日，车马辚辚。浩浩荡荡的队伍，其中有汉人、胡人，护送昭君离开长安，登车北去。胡礼与我们汉礼不同，他们要隆重地迎接这位和亲的使者，而非经由“六礼”亲迎。

▲ 清·康恺之《昭君出塞》

《仪礼·士昏礼》记载了汉家姑娘出嫁应有的礼仪。“六礼”毕，姑娘就到了出嫁的日子了。夫家寝门外东边放着三只朝北的大鼎，这三只鼎中分别盛放着煮熟的小猪、鱼和兔。房中陈放着食物，醋和酱放在两只豆（古代盛肉或其他食品的器皿，形状像高脚盘）中，用葵菜制成的酸菜和用蚌蛤制成的肉酱盛在四只豆中，然后将这六豆以一布覆盖之。室内北墙放着两瓦罐酒，房门东边放着一瓦罐酒，竹筐放在这罐酒的南边，里面放着四只爵，还有合在一起的两只卺。所谓卺，是那时婚礼用作酒器的一种瓢，一个匏分为两个瓢，合二为一则为合卺。

夫婿戴着冠冕，身着下缘为浅绛色的缁衣，乘坐漆车。从行的仆役皆穿着玄端服，拿着火把在马前照路。所谓玄端服，就是一种配合戴缁布冠的服装，有玄色、黄色、杂色三种。给新妇准备的车也一样，只是车前加了布帷。此时这待嫁的女子头上戴着发饰，穿着下缘滚着绛边的丝衣，面朝南站立在房中。她的傅姆缠发插笄，穿着黑色生丝衣服，站在她右边，随嫁者则站在她的身后。古时富贵人家的女孩儿都有傅姆，从小保育、教导她。

女家的主人见夫婿来了便穿着玄端服到大门外迎接，面朝西向夫婿行再拜礼，婿则面朝东回礼。婿拿着雁跟随主人进门，与主人互相行礼数回，来到东房门口将雁朝北放下，下堂出门，新妇则跟随他从西阶下堂。新郎准备为妇驾车，将登车的手索递给她，傅姆代她推辞，而后递还给她，再为她披

上避风尘用的罩衣。新郎为她驾车，车轮转够三周便得换御者来驾车，而新郎则必须乘坐自己的漆车先行回家，在大门外等待妇车的到来。

说完出嫁礼再来说一说再醮之礼。古代男女婚嫁时，父母为他们举行酌酒祭神的仪式叫“醮”。“再醮”即第二次敬酒，也就是再婚之意。元、明以后再醮专指妇女再嫁。

要说再醮之礼，那就不得不提历史上有名的才女蔡文姬了。东汉时大文学家蔡邕有个精通乐律、博学多才的女儿蔡文姬。文姬最初嫁与太学生卫仲道，琴瑟和鸣，相敬如宾，谁知好景不长，卫仲道病故后她被撵回娘家。文姬一个年华正好的女子，漫步京洛看见那些风华正茂的少年佩名刀骑宝马，美女妖姬脸似花含露，也未尝不想再嫁。但“一女不事二夫”的诤诤古训总是响在耳边。

谁知一场大乱正在酝酿，彼时正逢乱世，四处交兵，“生民百遗一”，董卓在长安被诛后，蔡邕因曾为董卓所迫，受官中郎将而获罪，为司徒王允所囚，并被处死狱中。蔡文姬则于兵荒马乱中为董卓旧部羌胡兵所掳，流落至南匈奴左贤王部。文姬身世坎坷，被匈奴骑兵掳走，这一去便是十二年的苦难生涯，当时的悲愤惨痛如今从《悲愤诗》中可睹一二。

▲ 金·张瑀《文姬归汉图》局部

后来曹操念及与蔡邕的旧情，“痛其无嗣”，乃遣使者以金璧将蔡文姬从匈奴处赎回国中。文姬忍下割舍骨肉的苦痛，千里跋涉终于回到了家

▲ 杨柳青年画《文姬归汉》

乡，胡笳十八拍，一声一断肠。曹操决定好人做到底，又紧锣密鼓地给她张罗亲事，让她再嫁与年轻的屯田都尉董祀。这门亲事，双方都不情不愿。再嫁在那个年代可并不是什么光耀门楣的好事，你翻开《列女传》常常能看到“某某女子守节几载，誓不再醮”云云。

《孔子家语·本命》：“女子者，顺男子之教而长其理也。是故无专制之义，而有三从之道：幼从父兄，既嫁从夫，夫死从子，言无再醮之端。”王肃注：“始嫁言醮，礼无再醮之端，统言不改事人也。”《北齐书·羊烈传》：“一门女不再醮。”士人视娶再醮之妇如自己失节一般。《明史·徐文华传》：“中人之家不取再醮之妇。”再醮之妇为世人不齿，连娶她的人都要连带着受歧视。那个擅写狐鬼之事的蒲松龄也说过：“再娶者，皆引狼入室耳。”固然发展到明清时期这种观念才达到顶峰，但这种贞妇颂扬一直扎根在我们的文化土壤中。

蔡文姬那个时代，她经历人生几度沉浮，生离死别，没有心思再谈嫁娶之事。那位年轻的董郎，也并不想娶这样一个年纪大的三嫁女子，只无奈君命难违。他那时一定没有想到，后来因文姬他才得以续命。董祀犯了死罪，蔡文姬披头跣足地跪在地上求曹操赦免他，便当此时，也是言辞清晰，句句在理，满座为之动容。曹操被她打动，终于放了董祀。这时董祀才深晓这碌碌世人的眼光是何其庸俗，文姬这样一个女子，三嫁与人本已凄苦，是命运弄人，她又何错之有？二人最终看穿世事，往那山水清音之地隐居去了。

况修短随化，终期于尽。古人云："死生亦大矣。"岂不痛哉！

——晋·王羲之《兰亭序》

丧葬礼

葬之以礼，祭之以礼

生与死在中国人眼里都是大事。《论语·为政》载："生，事之以礼；死，葬之以礼，祭之以礼。"从周代始，丧葬礼仪一脉传承，从未中断，直至今日我们对死者的丧事和遗体的处理也是慎之又慎，不敢轻易亵渎。庄周说他要以"天地为棺椁"，这大概是道家式的精神旷达，一般人大都不能接受。汉代有一位著名的孝子董永，名列"二十四孝"，其"卖身葬父"的故事闻名天下。董永家里非常贫困，父亲去世后，董永无钱办丧事，只好以身作价向地主贷款，埋葬父亲。丧事办完后，董永便去地主家做工还钱，后来因为他的孝行感天动地，遇到了下凡的七仙女，成就了一段美好姻缘。

世界上很多国家的丧葬礼仪都带有一定的宗教色彩，而儒家重视人情世故，丧葬礼仪处处体现着对死者的追逝和尊重。《仪礼》和《礼记》中都有不少篇章记载丧葬礼，如《士丧礼》《丧服》《既夕礼》《士虞礼》等等，仪节繁缛，程序复杂。丧礼前后需持续三年之久，其中繁文缛节可想而知。

古有"寿终正寝"之说，"正寝"是什么地方大家可能不理解。《士丧礼》载："死于适室。"古代自天子到士，都有燕寝和正寝，燕寝是平常居住

▲ 清·王素《董永卖身葬父》

之所，而正寝必当斋戒或疾病方可居住，而士大夫的正寝称为“适室”。在死者去世以后，御者要将一片薄薄的新丝绵放在死者的口鼻处，验明死者有无呼吸，防止误判，对死者负责任，也包含家属怀有死者仍然活着的一线期望。倘若丝絮纹丝不动，家属为之哀恸啼哭。

家属仍不愿相信逝者已矣。死者的魂魄刚离开身体不久，应该还在房屋附近停留，家属要倾尽全力将其唤回，于是便有了招魂的仪式，即“复”。《礼记·檀弓下》：“复，尽爱之道也。”招魂者登上屋顶，手持死者生前的衣服，向北呼唤死者的名字。随后将衣裳交还亲属，覆盖在死者身上，仿佛魂灵得以再次降附于躯体。

招魂仪式结束，死者仍未有动静，家属就要另作打算了。因久病而死之人身染污秽，必将濯洗以净身，亲属用淘米水将尸身洗净，又将头发梳理整齐挽成发髻。沐浴后要为死者换一身衣服，即我们通常所说的“寿衣”。沐浴更衣结束后，亲属要在死者口中放入珠、玉、米、贝一类的东西，这个仪节被称为“饭含”，充分体现了生者对死者的温情照料，事死如生，不忍心亲人饥饿离开人世。接着用一块布覆住死者头脸，再移至中堂等待“小殓”和“大殓”的仪式。

▲ 秦始皇陵的一部分陪葬坑

小殓即在死后次日清晨，为死者裹上衣衾。大殓在死后第三天，是丧礼中最重要的仪节，将尸体装棺。三天已经彻底排除死者仍然生还的可能性。主人主妇抚尸痛哭，表达怀念追思之意，然后众人将尸体殓入棺材，加盖告别。然后棺木停柩待葬，三日出殡，占卜日期，最后落葬。

在大殓之前全家要轮流去尸前哀哭，使哭声不绝。大殓之后则只需要朝、夕两个时间点去痛哭就可以了。

春秋战国时代的葬俗，还保存着殉葬制度。春秋五霸之一的秦穆公去世后葬在雍这个地方，据说殉葬人数达到一百七十七人，都是他的妻妾和奴仆。《左传》里面还有记载："秦伯任好卒。以子车氏之三子奄息、仲行、鍼虎为殉。"秦穆公死后，以子车氏的这三位良士殉葬，他们都是秦国贤德之人，因此国人赋《黄鸟》之诗为之哀悼。《诗经·秦风·黄鸟》中感叹道："彼苍者天，歼我良人！"苍天啊，你歼杀好人罔为天，可见人们对这种殉葬制度非常不满。《左传》里左丘明评价道：秦穆公没有当上盟主，真是咎由自取！他死后就被百姓抛弃，从前的国君离世，留下了治世之法，而他不仅什么都没留下，还夺走了百姓的贤士。

到孔子的时代，统治者已经很少用活人殉葬了，代之以"俑"，也就是人偶，虽然已经是很大的进步了，但孔子却给予猛烈抨击。孟子在与梁惠王的对话中引用孔子的话，说："始作俑者，其无后乎？"怒斥这种置百姓于不顾的做法。一向温敦仁厚的孔子用近乎诅咒的话语骂道："第一个制作人俑殉葬的人，他应该会断子绝孙吧！"因为古时用束草为人殉葬，不似人形，而后来用木偶土偶，面目须发可辨，极似人形，却用来殉葬，孔子认为这也是不仁，何况用生人殉葬了。按照孔子的观点，殉葬制度必须彻底废除，因为这样做非常不人道。

后世的帝王动用巨大人力物力兴修陵墓，又常以工匠、宫女为其殉葬。以人殉葬是秦汉以前丧葬习俗中最为野蛮残酷的一种，随着时代的发展渐渐废而不用，但又不时死灰复燃，僵尸诈起。宋元以来受边疆民族人殉的传统影响，明朝多位皇帝用活人殉葬，明太祖朱元璋死后，有四十多位妃嫔、宫女陪葬孝陵，其中十几位生殉。宋明以来，理学大倡，对妇女贞节的要求日渐严苛，发展到极致，就成了殉夫制度，丈夫或未婚夫死去，妻子需以身殉夫，有时是父母兄弟迫其自尽，以求一个烈妇名声。迫于家庭社会的舆论和经济压力，无数妇女惨死于这种陋习中，年华正好，自缢殉夫，只博得当地官员在《列女传》上轻描淡写的倦怠一笔，因为那上面这样有姓无名的女子实在太多了。后来清雍正帝颁行谕令，以人命为至重，以不可毁伤为正。不再彰表这种偏激的节烈行为。好生恶死，乃人之常情，以人殉葬，实在过于残忍，与儒家温柔仁厚

▲ 北朝鲜卑服陶武士俑

▲ 唐三彩釉陶女俑

的思想相距甚远，故有孔子“其无后乎”的批评。

总体上讲，葬礼葬俗是中国传统社会非常看重的礼仪，具备“慎终追远”的意义，是后辈缅怀先祖、展示孝心的重要机会和场合，因此早就形成了一套完整的制度和礼仪，而且因地制宜，不同地域的丧葬文化也有一定的差异。

▲ 唐演奏陶俑

予之不仁也！子生三年，然后免于父母之怀。夫三年之丧，天下之通丧也。予也有三年之爱于其父母乎？

——《论语·阳货》

居庐服丧，兼说五服

南朝宋刘义庆《世说新语·德行》里面有“和峤生孝，王戎死孝”的故事，和峤和王戎都是有名的孝子，以孝顺著称的二人同时遭遇大丧。王戎不拘礼法，仍然喝酒吃肉，闲来观看别人下棋，但形容憔悴，骨瘦如柴，拄杖支撑身体。和峤以礼法自持，他痛苦哀嚎，量米而食，但是哀毁之状不及王戎。晋武帝对刘毅说：“你经常去看望王戎、和峤吗？我听说和峤哀伤之至，远逾常理，这很让人担心啊！”刘毅则回答道：“和峤虽礼数皆备，但精神元气并未受损，王戎不拘礼法，但因为过度哀伤已经骨瘦形销了。臣认为和峤是生孝，王戎是死孝，陛下您不应担心和峤，而应担心王戎。”裴楷在戎母去世后吊唁，回来之后说：“倘使悲痛可以伤人，王戎一定会遭到以孝伤生的指责。”

▲ 唐·孙位《高逸图》局部（王戎）

当然所谓“生孝”和“死孝”都只是表达孝顺的方式，一个注重精神，一个注重形式，死孝极尽哀伤，生孝承继逝者之志，得更好活着，本无高下可判。大家也许要好奇了，和峤恪守的礼节究竟是什么呢？王戎在母亲去世时喝酒吃肉、观人博弈的行为在现在看来都极其出格，在当时又如何呢？

守丧期间有种种规定，孝子在言行、容姿、饮食、居住等方面都有限制。《弟子规》中规定：“丧三年，常悲咽，居处变，酒肉绝。”居丧三年，需常怀悲咽，追思父母恩情，要体瘦面黑，形容萧索。起居习惯应该调整，酒肉断不可吃，要临时改住在用草和木料搭成的凶庐，初丧百日之内睡在草席上，以土块为枕头。守孝期间应放弃一切娱乐，别说观棋，连外出都受到限制，应辞官在家，谢绝一切应酬，不准谈婚论嫁、娶妻生子，读书人则不能参加政府的选拔考试出来做官。这样来说王戎的做法可谓是大大的悖礼了。当年孔子的学生宰我突发奇想，说居丧三年实在太久了，君子三年不为礼乐，岂不是要礼崩乐坏？旧的谷子吃完了新的谷物开始生长，一年之期就已足够。孔子反问他：“父母去世才一年，你便穿锦衣，吃白米饭，你安心吗？”宰我回答：“我安心。”孔子很生气，认为宰我不仁，他说：“子生三年，然后免于父母之怀。”孩子三岁才离开父母的怀抱，三年之丧是天下通丧，回报父母的养育之恩。孔子又问：难道宰我就没有从父母那里得到三年怀抱的恩情吗？《礼记·三年问》中问：“三年之丧，何也？”回答道：因人情而制礼，以此来约束亲朋，区别亲疏贵贱，不可增删，这是“无易之礼”，不可改变的礼节。

孔子七十二弟子之一的子贡，为孔子服丧六年，可谓真正践行了儒家礼仪，不愧是孔子的得意门生。子贡有口才而能料事，又会做生意，所以家累千金。他任过鲁、卫等国的宰相，曾到齐国、吴国游说，使齐、吴互相攻战，从而解除了对鲁国的威胁。孔子对这位弟子十分欣赏，曾比之为“瑚琏”，而子贡对老师也衷心推崇。一次，鲁国大夫在别人面前贬低孔子，抬高

▲ 子贡庐墓处

子贡。子贡听说后非常气愤，他当即以房子打比方，说老师的围墙高几丈，屋内富丽堂皇，不是一般人能看得到的；而自己不过是只有肩高的围墙，一眼就可望尽。他还把老师比作太阳和月亮，说老师光彩照人，不是常人所能超越的。孔子去世后，弟子们悲痛万分，披麻戴孝，守墓三年，相继离去，只有子贡在孔子墓旁住下，又守了三年。后人为纪念他，便在孔子墓西侧的子贡守墓处建了三间西屋，立碑题“子贡庐墓处”。

守丧期间，对丧服有一套严格的规定。大殓后，死者亲属因亲疏关系不同，所穿的丧服按重要程度依次分为斩衰、齐衰、大功、小功、缌麻五个等级，因而叫做五服。五服按照服丧者与死者的亲疏关系严格制定。

斩衰是五服中最重的丧服，用最粗的生麻布制作，显著特点是不缝边。该缝的地方不缝上，处处敞开外露，刻意做成破衣烂衫的模样，以表达哀痛之切，无心修饰。与死者最亲近的人方服斩衰，服期为三年。儿子为父亲，诸侯为天子，臣为君，未嫁及被夫休去返回娘家的女子为父，长房长孙为祖父，妻、妾为夫，均服斩衰。

▲ 斩衰服

齐衰是次于斩衰的丧服，也是用粗麻布制作，与斩衰的不同之处就在于齐衰缝边。因亲疏远近，齐衰的服期可分为几等，三年、一年、五月和三月。其中服期一年，“杖”为用丧杖，“不杖”为不用丧杖。丧

▲ 齐衰服

▲ 小功服

▲ 大功服

▲ 缌麻服

杖以桐木或竹制成，表达哀痛过度不胜站立之意。齐衰三年为父亲已死子为母服，母为长子服。一年杖期为父亲健在子为母服，夫为妻服，不杖为男子为祖父母、叔父母、庶母，已嫁女为父服，兄弟之间也服齐衰不杖一年。重孙男女为曾祖父母，服齐衰五月。齐衰三月则适用于庶人对国君，对不同居的继父等，失地之君对寄居国的国君也要服齐衰三月。从中可见父系社会的礼仪制度对男性中心地位的彰重。

大功是丧服的第三等，用粗熟麻布制成，服期九月。男子为出嫁的姐妹、堂兄弟，女子为兄弟等皆服大功。

小功用质地较好的粗麻布缝成，服期五月。为曾祖父母、叔伯祖父母所服。

缌麻的做工最为精细，用精致的熟麻布制成。为族曾祖父母、族祖父母、族父母、族兄弟服。男子为妻家亲属也都服缌麻。

▲ 唐·孙位《高逸图》局部(阮籍)

从以上可发现丧服有为有血缘关系的人服和无直接血缘关系的人服两种，前者叫做“恩服”，后者叫做“义服”，后者如臣为君服，诸侯为天子服。《仪礼·丧服》中详细记载了五服制度，后代丧礼都以其为准则，是丧服元典性质的文献资料。

这种近乎苛刻的礼制对孝子的身体伤害太大了，汉代“举孝廉”制度下大约又有不少人牺牲于此。王氏祖上有人卧冰求鲤，王戎可能观祖上孝道吓出了些心理阴影，再加上这在魏晋名士间也算风尚。无独有偶，阮籍任诞，丧母守孝期间饮酒吃肉照旧，脸上毫无悲戚，朋友前来吊唁，阮籍散发盘腿而坐，全然不理会来宾。司马昭宴请大臣，正在服丧期间的阮籍欣然而去，席间大快朵颐，神色自若。裴楷看得比较开，说阮籍是方外之人，不必恪守礼法，而我辈俗人，自然要按规矩行事。

所以，普通人都要按照传统在亲人离世后服丧。服丧制度和礼仪跟丧葬制度相呼应，是连贯相续的一系列丧葬制度中的核心，也是中国传统孝道文化的重要体现。

第四章 宴饮礼仪

尊卑有序　节度有常

饮酒

尊卑有序

鱼不献脊

饮茶

饮食

座次

尊卑

尊客尚东

宴饮

鸭不献掌

尊客

浅斟慢饮

有节有度

古人之坐以东向为尊，故宗庙之祭，太祖之位东向。即交际之礼，亦宾东向而主人西向。

——明·顾炎武《日知录》

座次礼 尊客尚东，尊卑有序

有时候请客吃饭这种事情，请客的人不情愿请，吃饭的人也未必情愿吃。但这两种人偏偏坐在一起，吃着酒菜，心里想的都是与吃饭无关的事情。请客吃饭不是真的为了吃饭本身，总要吃出些什么别的东西出来，酒席就成了政客们的舞台。比如楚汉争霸时期，汉高祖刘邦出门吃饭就险些把命搭进去了。

当时沛公先入关中，传言他要做关中王，项羽勃然大怒，在距刘邦灞上仅四十里的新丰鸿门扎营。项羽军队四十万人，在新丰鸿门；刘邦军队十万人，在灞上。其中实力悬殊一睹便知，沛公只得去项羽军中表明他没有称王之意，而这个宴席却暗藏杀机。鸿门宴上太史公不吝笔墨描写宴席上的座次：

▲鸿门宴里的座次

> 项王、项伯东向坐，亚父南向坐。亚父者，范增也；沛公北向坐，张良西向侍。

司马迁之所以不惜笔墨一一写出每个人的座次，其描述绝非寻常之笔。这看似简单的座次安排却大有深意。古礼中坐西向东为尊位，次为坐北向南，再次为坐南向北，坐东向西最卑。因此按古礼常将尊敬的宾客和老师安排在坐西向东的座位上，尊称“西席”或“西宾”。宾主相对时，主西向，宾东向。《仪礼·乡饮酒礼》：“宾复位，当西序，东面。”座次可以反映各人身份的高低贵贱，也侧面反映了主人对宾客的态度。而鸿门宴中的安排，项王、项伯的位置是最尊的，原本应该是客座，连亚父范增的位置也比沛公要尊贵，张良所坐的西向位置不能叫坐而叫侍，可见项羽完全没有把沛公当作身份与自己可以匹敌的对手。因此后人以此批评项羽妄自尊大、目中无人，赞扬刘邦忍辱负重、顾全大局。这是不合理的，因为当时项羽可谓灭秦的中流砥柱，主要功劳都系在他的身上，而刘邦只能算是窃取胜利果实的末流。再加上项羽手握四十万兵权，力量上具有绝对优势，这时候要求他对刘邦低眉俯首未免有些不合常理。兴许他只想找刘邦问个究竟，连表面客套也不愿多做。也有人认为太史公此笔并未有什么深意，不过是据实而记，是我们过度解读。毕竟项羽为人坦荡，是“力拔山兮气盖世”的当世豪雄，怎么会有小人之心思考这些不足为外人道的蝇营狗苟琐事呢？但古代重视礼仪，太史公惜墨如金，如果座次上没有看头不至于多此一笔。

▲ 项羽

近人余英时在《说鸿门宴的座次》一文当中有一番全新的另类解读，从与众不同的视角揣度历史，此处愿与大家分享。

据余英时考证，他认为东向坐是尊位无误，但事实上通过对《史记》中其他篇章中座次的考察，刘邦所坐的北向坐应当是最卑

▲ 刘邦

的。余英时承认项羽政治气量虽小，但不至于不识大体到罔顾礼节。而依此安排无疑是有意识的而非随意为之，他进而猜想这次的座次安排项伯、沛公、张良三人已有默契，心照不宣。项伯事先从中调停，故意把沛公安排在“北向坐”。鸿门宴上主宾一落座，项羽见沛公自居部署之位而南坐，已经消除了对他的怀疑。此时项羽已经没有除之而后快的想法了，因此后来亚父数目项王，项羽皆视而不见。从此刘邦如龙入海，项羽再也不能掌控他了。

《史记》中关于鸿门宴座次的这段记载，有很强的楚汉角力的意味，是一场不见硝烟但刀光剑影、杀气腾腾的战斗，不亚于两军纵横捭阖的对阵。这段史料给我们留下深刻印象还有宴会上的座次是非常讲究的，是主客关系、尊卑关系的集中体现。

座次礼仪属于古代燕礼的一部分，燕礼就是宴礼。燕礼的适用场合很宽泛，如归来的使者、邀请的贵宾、新建功勋的人物等等。燕礼开始后要准备好各种器物、坐席、酒食等。《礼记·燕义》说：“诸侯燕礼之义：君立阼阶之东南，南向尔，卿、大夫皆少进，定位也。君席阼阶之上，居主位也；君独升立席上，西面特立，莫敢适之义也。”君主的席位设在东阶之上，居于整个礼仪的主位，仪式开始时，唯有国君一人上堂，独自面朝西而立，其余的人都站在堂下。这是一国国君在举行燕礼时的座次排列。

座次礼和堂室制度是密不可分的。在古代，贵族不论住的寝处还是祭祀用的庙，一般都是堂室结构，即这种建筑有堂有室。堂与室同建在一个高出地面的台基上，台基根据主人地位的尊卑，有高低的不同，所以堂有前阶。要进入堂室必须升阶，这就是古人常说的“升堂”。堂和室上面同为一个房顶

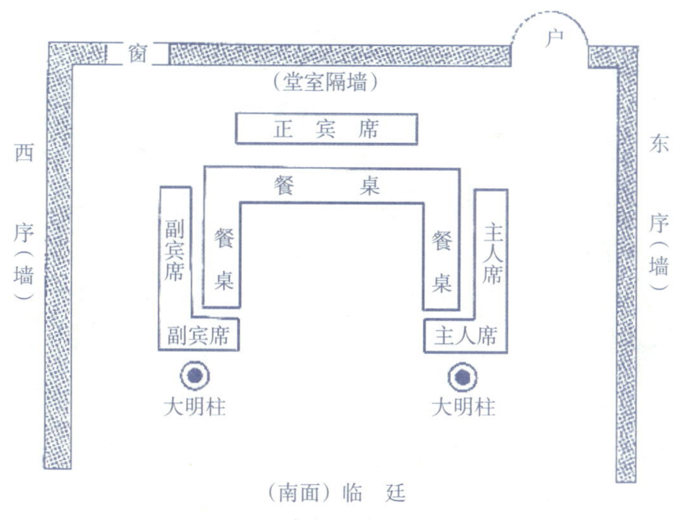

▲ 堂上宾主座位尊卑排列示意图

所覆盖。堂在前，室在后，堂大于室。堂室之间以墙相隔，在墙的西边有窗，靠东、北、西三面有墙，东墙叫东序，西墙叫西序，南边院落大开，形式仿佛今天的戏台。堂中有两个大明柱。堂上不住人，是贵族们议事、行礼、交际的场所。室为东西长而南北窄的矩形，分寝室和庙室两种。庙室为祭祖之地。

古人在堂室中进行议事或礼仪活动时，其座次尊卑的排序有两种。一种是堂上的座次排序：在堂上面南背北之位为最尊，其次为面西背东之位，再次为面东背西之位。另一种是室内的座次排序：面东背西是最尊之位，即所谓东向坐（在室的西墙前）；其次是面南背北之位（在室的北墙前）；再次是面北背南之位（在室的南墙前）；最卑之位是面西背东的席位。

古人设宴，对座次安排十分讲究，主人坐什么位子，客人坐什么位子，都有严格规定，乱坐就有喧宾夺主、以下犯上之嫌。举行宴会当是在室内，而不能在堂上。而车骑上的座次则与堂上、室内座次有所不同，是以左为尊的。如《史记·信陵君列传》：“公子从车骑，虚左，自迎夷门侯生。”这里的“虚左”就是空出车骑左边的位置，以表示对人的尊敬。今成语有“虚左以待"，本意即如此，不过这里的"左"已泛指席位左边的位置，而不单单指车骑位置了。

不过，古代中国，是尊左还是尊右，并不是一成不变的，在不同的时代存在不同的规定。

周朝规定，诸侯朝见天子，宴饮以左为尊；用兵打仗，则右为尊。左右尊卑，要视乎场合而定，到了战国、秦、西汉的时候，"右"似乎成了尊位。正如《史记·廉颇蔺相如列传》上说，蔺相如当了上卿，"位在廉颇之右"，为此廉颇很不服气。然而从东汉至隋、唐、两宋，我国又逐渐形成了左尊右卑的制度。例如赤壁之战，孙权"以周瑜、程普为左右都督"，同为都督，周瑜尊于程普。还有朝中官阶左仆射高于右仆射，即左丞相高于右丞相。这种情况直到元朝，又规定以右为尊。明朝建立以后，复改以左为尊。现在戏剧舞台上上演古典剧目，客人、尊长总是坐在主人、幼辈的左侧，这反映出明朝崇尚左的礼仪。

座次礼仪不仅有主宾、尊卑之分，更多的是表达对贵宾的尊敬，是中华宴饮礼仪重要的一部分。

现今，在普通宴会中，座次的排序原则一般是这样的：以远为上，面门为上，以右为上，居中为上，观景为上，靠墙为上。座次分布：面门居中位置为主位；主左宾右分两侧而坐；或主宾双方交错而坐；越近首席，位次越高；同等距离，右高左低。主宾的座次安排一般如下：

"主陪"位置：主陪是请客一方的第一顺位，即东道主，是请客的最高职位者，或陪酒的最尊贵的人，位置在正冲门口的正面。"副陪"位置：副陪是请客一方的第二顺位，是陪客者里面第二位尊贵的人，位置在主陪的对面，即背对门口。这个位置是配合主陪的。"三陪"位置：有些地方是没有这个位置的，位置在主陪的右首边第二位置。他的主要作用是跟主陪一左一右把

“主宾”夹在中间，便于照顾。“主宾”位置：主宾是客人一方的第一顺位，是客人里面职位最高者或地位最尊贵者坐的地方，位置在“主陪”的右首边。“副主宾”位置：是客人一方的第二顺位，位置在“主陪”的左首方。“三宾”位置：副宾是客人一方的第三顺位，位置在“副陪”的右首方。“四宾”位置：副宾是客人一方的第四顺位，位置在“副陪”的左首方。

普通的家庭宴会中，尊位必须是家中德高望重的长辈，然后子孙按照辈分左右排列。

我国是一个礼仪之邦，在古代，人们交往中的座次是很讲究的，它显示着人们社会地位的高低尊卑，表现着主人待客的不同态度。因此，不同的场合、不同的处所，有着不同的礼节规范。

侍食于长者，主人亲馈，则拜而食；主人不亲馈，则不拜而食。

——《礼记·曲礼上》

鸭不献掌，鱼不献脊

春秋战国时期，有一个特殊的群体——刺客。其中最著名的就是刺秦王的荆轲，还有专诸、豫让、干将莫邪的儿子赤等，司马迁在《史记》中专辟《刺客列传》记载他们的故事。刺客行刺的手段五花八门，乔装打扮的，自毁形体伪装的，还有图穷匕见的。食物也是行刺的重要手段，如后世人们在食物中投毒，传说兴起于欧洲的饮酒碰杯习俗就是为了避免对手投毒——在酒杯相撞的瞬间，双方杯中酒液会溢出流入对方杯中，借此测试酒中是否有毒。

位列中国古代“四大刺客”之一的专诸，就利用鱼上演了一场“鱼腹藏剑”的好戏，成功刺杀吴王僚。专诸，吴国人，屠户出身，孔武有力，深受伍子胥赏识。公子光的父亲是吴王诸樊。诸樊有三个弟弟：大弟余祭，二弟余昧，三弟季札。诸樊知道三弟季札贤，故不立太子，把王位依次传给三个弟弟，想最后把国家传到季札手里。诸樊死后，传余祭。余祭死，传余昧。余昧死，当传给季札；但季札不肯受国，隐匿而去，余昧之子僚便自立为吴王。吴王僚违背了兄位弟嗣、弟终长侄继位的祖规，因而本想继位的公子光心中不服，暗中伺机夺位。伍子胥知公子光想杀吴王僚，于是便把专诸推荐

给公子光。公子光极力厚待专诸，并敬奉供养其母。专诸感恩，以死相许。

专诸发现吴王僚喜欢吃烤鱼，便献计说可藏利剑于鱼肚，借着献鱼的机会伺机刺杀。时机成熟后，公子光入见吴王僚，说："有庖人从太湖来，善炙鱼，味甚鲜美，请王辱临下舍尝之。"吴王僚欣然允诺，答应次日便去。公子光连夜预伏甲士于地下密屋中，又命伍子胥暗约死士百人，在外接应。吴王僚虽答应，但恐公子光有阴谋，故赴宴时戒备森严，从王室到公子光家厅堂内外布满甲士，操长戟，带利刀，吴王僚身穿三重盔甲，亲信更是不离左右。酒过数巡，公子光托言脚痛难忍需用帛裹紧，便躲入地下密室。过了一会儿，专诸进献鱼炙，手托菜盘，两个武士夹持着专诸，赤膊跪地，用膝盖前行，专诸已将小巧而锋利的"鱼肠剑"暗藏于烧好的鱼肚之中，行至吴王僚座前，忽地抽出匕首，猛刺吴王僚，力大到透过三重盔甲又刺穿脊背，吴王僚大叫一声，当场昏死过去。旁边卫士一拥而上，刀戟齐下，将专诸杀死。公子光知事成，即令伏兵齐出，将吴王僚卫士尽数剿灭。公子光自立为吴王，即名噪历史的吴王阖闾。

由鱼腹藏剑这件事形成了一条重要的饮食礼仪。从此，鱼不献脊便成了一条规矩。所谓献腹不献脊，是指在向长者或者客人恭敬进献鱼等食物时，应该将鱼头向左，尾向右，腹朝前，横放在客人面前，而不能将鱼脊那一面朝向客人。这是因为烹调鱼肉时，首先要剖开鱼腹去除内脏，行刺的利剑就是从剖开的鱼腹部藏进去的。进献时将鱼腹部朝向客人，能够让对

▲ 专诸刺吴王僚

方一目了然，看清鱼肚中是不是藏了凶器。

除此，“鸡不献头，鸭不献掌”，也是中国传统饮食礼仪中的重要一条。之所以有这样的规定，是因为鸡头、鸭掌不是好肉。鸡头有三多：皮多，骨多，结缔组织多；鸭掌除皮即骨，无可食之肉。所以上菜时鸡头、鸭掌放在客人面前是对客人的不恭敬。由此可见，饮食礼仪实则大多数是饮食禁忌，这是出于对客人的尊重，以示恭敬而长期形成的约定俗成的礼仪。

提到饮食礼仪和禁忌，不得不说说孔子。孔子在《论语》中多次表达了对简单饮食生活的肯定：“君子食无求饱，居无求安，敏于事而慎于言，就有道而正焉，可谓好学也已。”“饭疏食饮水，曲肱而枕之，乐亦在其中矣。不义而富且贵，于我如浮云。”这是孔子的基本态度，因为他的人生理想在于追求和践行自己的政治和思想理念，对个人饮食起居并不刻意追求。但众所周知，孔子对饮食又有一整套非常严格的规定和论述，他在《论语·乡党》中说：

> 齐必变食，居必迁坐。食不厌精，脍不厌细。食饐而餲，鱼馁而肉败，不食。色恶，不食。臭恶，不食。失饪，不食。不时，不食。割不正，不食。不得其酱，不食。肉虽多，不使胜食气。唯酒无量，不及乱。沽酒市脯不食。不撤姜食，不多食。

斋戒时要改变饮食习惯，居处也要改换平日的房间。粮食不嫌舂得精，鱼肉不嫌切得细。饭食放久变味，鱼和肉腐烂了，不吃。食物颜色难看，不吃。气味难闻，不吃。烹饪不当，不吃。不应时，不吃。肉切得不合规矩，不吃。酱料不相配，不吃。肉即使有很多，也不能吃得超过饭量。唯有酒不限量，但不应喝醉。集市上卖的酒和肉干，不吃。餐后不撤去姜，不多吃。

这些非常苛刻的酒食规定，看起来既繁琐，又似乎非常不近情理。“割不正，不食”，也就是说肉没切好，没切端正也不吃，这样的要求看起来太荒诞，实则不然。粗茶淡饭、简单饮食生活是孔子及其门下弟子日常生活的常态，而这些严苛的规定，则是斋戒祭祀情形下的要求。这种饮食规矩和礼仪有其特定的背景，是在斋戒祭祀的时候的“变食”，通过非同寻常的规定以示庄重。类似的“子食于有丧者之侧，未尝饱也”，均是这个意思，不能作为孔子的日常行为来理解。

▲ 宋·赵佶《文会图》

中国传统社会非常讲求餐桌规矩，过去一家人济济一堂，聚集在一张八仙桌或者大圆桌上共进三餐，非常讲求长幼有序。在餐桌上，岁数最高的长辈具有绝对的权威，如果他不发号令，任何人是不能随意动筷子吃菜的。《礼记·曲礼上》有言：“侍食于长者，主人亲馈，则拜而食；主人不亲馈，则不拜而食。”就是说陪长者吃饭，主人亲自进送食物，要拜谢后才吃；主人未亲自进送食物，就不必拜谢，可以自己取了吃。

还有，进餐过程中要温文尔雅，不能狼吞虎咽，切不可巴咂有声；筷子不能插在碗上，更不能用筷子在菜盘里翻来倒去地挑菜，一次夹菜也不宜太多，更不能把已经夹起的食物又放回菜盘里；喝汤要用汤匙一小口一小口地喝，而且喝时也不要出声。食毕，餐具务必摆放整齐，不可凌乱放置。这也就是我们通常所说的“吃相要好看”。在中国西北地区农家流传着各种偷吃、贪吃而受人嘲笑的故事。比如某个财主赴宴，席间专拣鸡鸭鱼肉大快朵颐，还趁人不注意偷偷塞在怀里、袖筒里。后来这种“吃相”被人发现了，那人拎起一个酒壶，拉开财主的衣领就浇了下去，他嘲笑财主：“不能只吃不喝……”财主很尴尬丢脸，从此再也不露面了。

中国的饮食礼仪和禁忌，不同的地区，不同的时代，不同的人群，会有一些差异，但基本的餐桌礼仪是放之四海而皆准的。一个优雅的食客，能赢得广泛的肯定和好感。

▲ 官员宴席上菜席间

酒以成礼，不继以淫，义也。以君成礼，弗纳于淫，仁也。

——《左传·庄公二十二年》

浅斟慢饮，有节有度

饮茶和饮酒，本也是饮食文化的一部分，遵循着通行的饮食礼仪。但普通的饮食重在果腹，而饮茶和饮酒，毕竟是雅事，承载着比较重要的修身养性和社交等功能，所以也有相对自成体系的禁忌和礼仪。

民间有“浅茶满酒”的俗语，从字面上理解就是斟茶不能满，而斟酒却要斟满杯，“茶满欺人，酒满敬人”就是从这个“浅茶满酒”的茶礼中引申出来的。俗话又言“茶七饭八酒十分”，意思就是倒茶最多倒七成满，饭可以盛到八成满，酒要倒到十成满才是对人的尊敬。所以蒙古民歌《鸿雁》里有唱词“酒喝干，再斟满”，这样做的目的自然是为了表达对远道而来的客人的尊敬。

中国饮茶，从神农时代开始，有近五千年的历史了。茶礼有缘，古已有之。“客来敬茶”，这是我国由来已久的重情好客的传统美德与礼节。直到现在，宾客至家，总要沏上一杯香茗；喜庆活动，也喜用茶点招待。所谓“君子之交淡如水”，也是指清香宜人的茶水。

客人就座后，上茶的先后顺序一定要慎重对待，切不可肆意而为。合乎礼仪的做法是：其一，先为客人上茶，后为主人上茶；其二，先为主宾上

▲ 明·丁云鹏《玉川煮茶图》

茶，后为次宾上茶；其三，先为女士上茶，后为男士上茶；其四，先为长辈上茶，后为晚辈上茶。向客人上茶的时候，首先要沏茶，必要的情况下还要准备点心，并且先上点心。茶水不能沏得太浓或者太淡，要口味适中，每杯茶沏到七分满就可以了。献茶时，要将茶杯放在茶托上，杯把向左，右手持茶托，左手扶着茶托，双手敬献给客人。敬茶时要起立走向客人，说“请”，客人也要起立或者欠身回应，道一声“谢谢”。

不论客人还是主人，饮茶时要浅尝慢品，不要大口吞咽，更不可喝得咕噜作响，否则就是典型的“牛饮”了，非常粗俗，这是饮茶礼仪中的大忌。就如同《红楼梦》中爱茶如命、孤寂清高的女子妙玉所说：“一杯为品，二杯即是解渴的蠢物，三杯便是饮牛饮骡。”遇到漂浮在水面上的茶叶，要用茶杯盖轻轻拂去，或轻轻吹开，切不可用手或者其他器具将茶叶捞出来扔在桌面上或者直接吃掉。

喝茶时不能大声喧哗，高谈阔论，主人也不能频繁劝客人喝茶。过去有个约定俗成的习惯，如果主人觉得客人应当告辞了，会再三劝客人喝茶，借此提醒。一般的客人也就明白主人的意思，会顺势提出告辞。所以在招待长者或者海外华人时，不可三番五次地劝其喝茶。饮茶是不能劝的，但饮酒则不同。

酒文化和与酒有关的礼俗在中国自古就有。《诗经》是我国第一部诗歌总集，其中涉及“酒”的内容就有三十多篇。例如《小雅·鹿鸣》云：“我有旨酒，以燕乐嘉宾之心。”又如《小雅·宾之初筵》谓：“酒既和旨，饮酒孔偕。钟鼓既设，举酬逸逸。”《大雅·既醉》道：“既醉以酒，既饱以德。君子

万年，介尔景福。”饮酒，是古人日常生活的一项重要内容。举凡年节吉日、婚丧嫁娶、庆生奠死、宴亲飨客、洗尘饯行等等，人们生活的方方面面、时时刻刻几乎都离不开酒。饮酒还必须遵循一定的礼节。

南朝宋刘义庆《世说新语·言语》中记载了一个有关酒礼的小故事。

> 钟毓兄弟小时，值父昼寝，因共偷服药酒。其父时觉，且托寐以观之。毓拜而后饮，会饮而不拜。既而问毓何以拜，毓曰：“酒以成礼，不敢不拜。”又问会何以不拜，会曰：“偷本非礼，所以不拜。”

故事说，三国曹魏著名书法家、政治家钟繇的两个儿子钟毓和钟会，小时候很顽皮。有一天，他们趁父亲午睡时一起偷药酒喝。他们的父亲其实当时已发觉，却故意装睡，想窥视兄弟二人偷喝酒时的情状。钟繇发现钟毓行礼后才喝酒，钟会只喝酒不行礼。钟繇觉得有些纳闷，于是他起身问钟毓为什么要行礼，钟毓回答说：“酒是用来完成礼仪的，不敢不行礼。”又问钟会为什么不行礼，钟会说：“偷酒本来就是非礼的行为，所以用不着行礼。”这个典故很有趣，说明古人饮酒时都讲究一定的礼节。这种礼节，使饮酒成为一种庄重的活动、一种仪式，所以，饮酒不能失礼。

其实，中国自古便有“酒以成礼”的说法。儒家文化的精髓就是“礼”，而酒与礼几乎是同步诞生的，关系非常密切。远在上古时代，酒与礼就结下了不解之缘。到了西周，酒礼的规定已经非常具体。《左传·庄公二十二年》有言：“酒以成礼，不继以淫，义也。以君成礼，弗纳于淫，仁也。”酒用来完成礼仪，不能没有节制，这是义；由于和国君饮酒完成了礼仪，不使他过度，这便是仁。

古时，饮酒的礼仪约有四步：拜、祭、啐、卒爵。具体来说，就是先做

▲ 明·陈洪绶《蕉林酌酒图》

出“拜”的动作以表示敬意；接下来要把酒洒在地上，以祭谢大地生养之德；然后再细细品尝酒味，啧啧称美，令主人高兴；最后举杯，一饮而尽，这就是“卒爵”，也就是“干杯”。古人的干杯与现代人的干杯却不太一样，现代人喝酒时都会说先干为敬，但古人却是后干为敬的。《礼记·曲礼上》说：“侍饮于长者，酒进则起，拜受于尊所。长者辞，少者反席而饮。长者举，未釂，少者不敢饮。”晚辈陪长者饮酒，看见长者把酒端起来斟酒，要赶紧起立，并走到放酒杯的地方向长者行拜礼后接受酒。长者说不用客气，示意后晚辈才可返席归位再饮酒。当长者举杯邀大家喝酒，长者还没有喝尽酒时，晚辈不敢喝酒。

虽然现在有关饮酒的礼仪地区差异不小，但酒桌的基本礼仪规范却是通用的。敬酒应该站起来，不可黏在凳子上，坐着敬酒是不礼貌的行为。敬酒有讲究，只能是多人敬一人，千万不要一个人敬多个人，这样会给人感觉不受尊重。碰完杯后，按照双方约定的该喝多少就喝多少，不要抢着喝，也不要爽约不喝或者借口倒掉。喝酒也不要强人所难，随意为好。端酒杯的时候右手拿住酒杯，左手托住杯底，碰杯的时候一定要比别人的杯子低，这是中国酒桌上的礼仪。敬酒的顺序以顺时针为主，这是最传统普遍的方法，如果有长者或者特殊客人在场就要视情况而定了，一般是先敬长者和重要客人。敬酒还要说一些令人心生愉快的敬酒词。

古时人们饮酒讲究“不过三爵”，也就是在宴席上饮酒时不能超过三杯，如果超过三杯，那么酒量浅的人就会失态。此外，《仪礼·乡饮酒礼》中记载饮酒

▲汉代壁画石刻

也有“无算爵”的说法，意思是能喝多少就喝多少，不必计较喝了多少杯。

儒家很讲究酒德，也就是饮酒者要有德行，不能因酒忘形。《尚书·酒诰》集中体现了儒家崇尚的酒德。此文是周公命令康叔在卫国宣布戒酒的告诫之辞。当时殷商贵族嗜好喝酒，王公大臣酗酒成风，荒于政事。周公担心这种恶习会造成大乱，所以让康叔在卫国宣布戒酒令，不许酗酒，规定了禁酒的法令。希望子民不要经常饮酒，要用道德来约束自己，不要饮酒过度，而烂醉如泥，尤其不要聚众喝酒，唯有在祭祀时或与君王、父母进献酒食时可以饮酒。

酒文化和饮酒礼仪是随着社会的进步和发展而不断损益、进步的。近年来，随着生活水平的提高，见识的增长，国人也在逐渐改变饮酒习惯，开始从食物美的角度去欣赏酒文化。

我们过去非常推崇梁山文化，一百零八将聚义梁山，情同手足，“大块吃肉，大碗喝酒，大秤分金银”的江湖生活令人“回肠荡气”。梁山兄弟义结金兰时歃血为盟，喝完血酒纷纷砸碎酒碗的场景也撼人心魄。以及电影《红高粱》中的酒文化，均有浓郁的乡土风情。这完全是另一种酒文化，属于中国乡土文化或者江湖文化中的酒文化，直接明快，豪爽有力，讲求今朝有酒今朝醉，作为文化，这是无可厚非的。但这并非主流酒文化，我们饮酒，抑或是饮茶，早就脱离了这种初级的趣味，随着生活水平的提高和文化知识的提升，饮茶和饮酒活动逐渐成为一种雅事，所以基本的饮茶饮酒礼仪也逐渐向“浅斟慢饮，有节有度”的方向发展。

第五章 节俗礼仪

敬天法祖 福荫子孙

元宵

中秋

祭月

祈福

祭祖

春节

团圆

清明

祈福禳灾

中秋

思亲

端午

重阳

慎终追远

自天降康，丰年穰穰。
来假来飨，降福无疆。
顾予烝尝，汤孙之将！
——《诗经·商颂·烈祖》

祈福禳灾，聚族团圆

中国有丰富的节日传统，大都与“慎终追远”的孝道文化有关，也与农业生产紧密联系，如春节、元宵、清明、端午、中秋、重阳等。这些节日对中国人来说非常重要，是家族团聚、共度美好时光的重要契机，所以几千多年来一直受到重视，特别像春节、清明和中秋等节日，都是要跟家人一起度过的。

这些丰富多彩的节日里，有一个重要的内容就是祈福禳灾。国人追求美好生活的意愿和行动由来已久。人们对疾病、战争的恐惧，对长寿、健康、团圆的期待，是非常普遍的心理现象。

《诗经·商颂·烈祖》是一首先秦时代诗歌。烈祖是指功业显赫的祖先，此指商朝开国的君王成汤。这首诗是祭祀商朝始祖成汤，祷告祈福的。

嗟嗟烈祖！有秩斯祜。申锡无疆，及尔斯所。
既载清酤，赉我思成。亦有和羹，既戒既平。
鬷假无言，时靡有争。绥我眉寿，黄耇无疆。
约軧错衡，八鸾鸧鸧。以假以享，我受命溥将。
自天降康，丰年穰穰。来假来飨，降福无疆。
顾予烝尝，汤孙之将！

诗中说道：赞叹祖先多荣光，齐天洪福降给我。无穷无尽赏赐厚，至今恩泽仍丰足。献上清醇的美酒，愿先祖保佑我们的子孙。献上调匀的汤羹，五味平正香气飘。大家默默来祝福祈祷，执事肃穆无争嚷。赐予我高寿无恙，直到老来福禄长。彩绘车儿多华美，四马并驱八铃响。祭告神灵献祭品，我受天命广又长。天赐我幸福安康，年年丰收粮满仓。先祖降临受祭飨，赐我福分绵绵长。秋冬之祭来赏光，汤孙至诚奉酒浆。

中国素以“礼仪之邦”而著称。孔夫子有“不学礼，无以立”的庭训。祭祀礼仪是一个民族文化的重要组成部分，是排在我国传统“五礼”（吉礼、凶礼、军礼、宾礼、嘉礼）之冠的吉礼。吉礼就是祭祀天地神灵之礼。因为祭祀礼仪是文化传播的主要载体，随着社会的不断发展，每年清明节祭祀黄帝陵、端午节祭祀屈原、中秋节祭月以及孔子诞辰日（农历八月二十七日）的祭孔大典等活动，都是中华民族传承千年的主要礼仪。先人总会选定一些重要的节日来庆祝、歌咏并祈福禳灾，因此也流传下来很多重要的仪式。春节、元宵就是这样的节日。

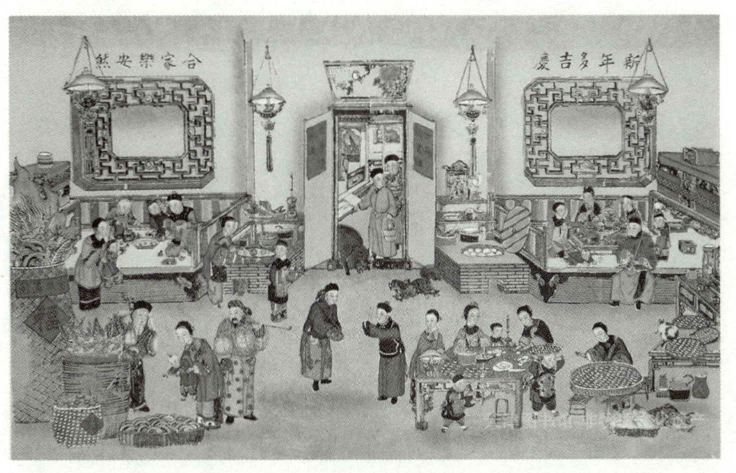

▲ 杨柳青年画《新年多吉庆　合家乐安然》

春节是中华民族传统上的农历新年，俗称“年节”，传统名称为新年、大年、新岁，但口头上又称度岁、庆新岁、过年，是中华民族最隆重的传统佳节。人们把春节定于农历正月初一，但一般至少要到正月十五（上元节）新年才算结束。在民间，传统意义上的春节是指从腊月的腊祭或腊月二十三、二十四的祭灶，一直到正月十九日。

在春节期间，各地都要举行各种庆祝活动。这些活动均以祭祀祖神、祭奠祖先、除旧布新、迎禧接福、祈求丰年为主要内容，形式丰富多彩，带有浓郁的民族特色。受到中华文化的影响，属于汉文化圈的一些国家和民族也有庆祝春节的习俗。人们在春节这一天都尽可能地回到家里和亲人团聚，表达对未来一年的热切期盼和对新一年生活的美好祝福。春节不仅仅是一个节日，同时也是中国人情感得以释放、心理诉求得以满足的重要载体，是中华民族一年一度的狂欢节和永远的精神支柱。

春节最重要的礼仪活动就是拜年。人们穿上新衣，从大年初一一大早开始，先要到寺庙焚香拜佛、敬神。晚辈起床后，要先向长辈拜年，祝福长辈健康长寿，万事如意。长辈受拜以后，要将事先准备好的“压岁钱”分给晚

▲ 杨柳青年画《庆赏元宵》

辈。在给家里的长辈拜完年之后，人们外出遇见时也要笑容满面地贺新年，互道“恭喜发财”“四季如意”“新年快乐”等吉祥的话语，左邻右舍或亲戚好友亦会互相登门拜年或相邀饮酒娱乐。拜年的基本礼仪除了亲朋之间互相致以新年祝福以外，还有一系列仪式规范。常见的有：一是叩拜即跪拜磕头，二是躬身作揖，三是抱拳拱手，四是万福，五是鞠躬。

到了正月十五便是元宵节了。元宵节由来已久，据考证早在两千多年前的秦朝已有，早期仅称正月十五、正月半，此日在西汉已经受到重视，汉文帝时下令将正月十五定为元宵节。汉武帝正月上辛夜在甘泉宫祭祀“太一”的活动，被后人视作正月十五祭祀天神的先声。唐人徐坚《初学记》有载：“《史记·乐书》曰：‘汉家祀太一，以昏时祀到明。’今人正月望日，夜游观灯，是其遗事。”元宵节又称上元、元夕、灯节。道教把一年中的正月十五称为上元节，农历七月十五称中元节，农历十月十五称下元节，合为“三元”。唐代道教盛行，上元日这天正逢主管人间祸福的神灵天官大帝诞辰，道教信徒便在这天进观烧香奉祀。因传说元宵这天夜间天官大帝要下凡巡视人间，凡挂灯笼之户便要赐福。故宫廷及官衙还要悬挂宫灯以祈国泰民安，民间各家各户还要悬挂灯笼以求禳灾赐福。

▲ 明·佚名《明宪宗元宵行乐图》局部

元宵节除了赏灯，还要猜灯谜、吃汤圆，历来为一大节日盛事。如南北朝时梁简文帝《列灯赋》：“南油俱满，西漆争燃。苏征安息，蜡出龙川。斜辉交映，倒影澄鲜。”描写了元宵宫中张灯的景象。初唐卢照邻《十五夜观灯》：“缛彩遥分地，繁光远缀天。接汉疑星落，依楼似月悬。”宋代词人辛弃疾《青玉案·元夕》：“东风夜放花千树，更吹落、星如雨。宝马雕车香满路，凤箫声动，玉壶光转，一夜鱼龙舞。”描绘了元宵之夜的灯会盛况。元宵节猜灯谜，是将谜语写在花灯上，谜语一般由三部分组成，即谜面、谜目和谜底，构思精巧且妙趣横生。赏灯猜灯谜的活动也给青年男女提供了相识交往的机会，元宵节也因此增添了几分浪漫色彩。欧阳修《生查子·元夕》：“去年元夜时，花市灯如昼。月上柳梢头，人约黄昏后。”描绘的就是元夜男女相会的情景。

除了赏灯猜谜，民间还在元宵夜“放天灯”，传说来源于古代人们在躲避盗匪侵袭而四散逃逸之后，以燃放天灯为互报平安的信号。由于避难回家的日子正是元宵节，从此以后，每年这一天，人们便以放天灯的仪式来庆祝，所以又称天灯为“祈福灯”或“平安灯”。其后逐渐演变为向上天祈福许愿的民俗活动。人们在天灯上写满心里的各种愿望，希望天灯能上达天庭，赐福禳灾，带给人无限的希望和光明。

▲ 放天灯

曾子曰：『慎终追远，民德归厚矣。』
——《论语·学而》

祭祖凭吊，慎终追远

清明和端午是中国两个非常重要的传统节日。人们一般认为，清明要祭祖，端午要祭奠屈原。这两个节日在早期具有浓重的悲情色彩，所以在古人的笔下总是很沉重，所谓清明时节雨，凄凄惨惨。清明谷雨是一年中最好的时节，季春三月，湿润温凉，气清景明，万物涤荡。清明雨，断肠人，牧童笛和杏花村，一首杜牧的《清明》妇孺皆知。清明既是二十四节气之一，也是我国古代的传统节日，大约在每年的公历4月4日至6日之间。

清明节扫墓祭拜、凭吊祖先的习俗流传已久，据传始于古代帝王将相"墓祭"之礼，后来民间亦相仿效，于此日祭祖扫墓，历代沿袭而成为中华民族一种固定的风俗。也有说清明节起源于寒食节。至魏晋南北朝时期，清明作为节日的习俗尚未形成，而寒食节却十分流行。寒食节通常在清明节的前一二日，禁燃烟火，只吃冷食，相传是为纪念介子推而设立的。《东周列国志》中讲述了介子推遭焚的故事。

春秋时期，晋献公子嗣争位，妃子骊姬设计鸩杀太子申生。骊姬之乱后申生之弟公子重耳出逃避乱，颠沛流离，辗转周折长达十九年，食不果腹，介子推一直侍奉左右。有一回重耳一行避难深山，断绝粮食，重耳饿得眼冒金星，不能行走，几乎就要殒命于此。介子推毅然割下自己大腿上的肉给重耳充饥，终于度过了这一段灾厄，史称“割股奉君”。后来重耳重回晋国，平定叛乱，做上了国君，便是历史上有名的晋文公。四处逃窜，吃腿肉度日这种事如一场噩梦，晋文公得势了之后大约不愿再提，介子推没有得到应有的封赏。介子推有功不言禄，遂带着老母隐居绵山，不再出仕。后来晋文公开始追忆起陈年旧事，他想起介子推当年的鞍前马后，老泪纵横。他亲自前往绵山要请介子推出山，许他高官厚禄，但介子推始终闭门不见，甚至在山中躲了起来。晋文公差人放火烧山想逼介子推出来。谁知大火连烧三天三夜，仍不见介子推出来。火灭以后晋文公在一棵枯柳之下看见介子推和他母亲相拥而死的骸骨。

晋文公放火焚林之日，乃清明节候，他为哀悼介子推，下令在这一天全国要禁火，并饮冷水吃冷食，相沿成习，后谓之“寒食”。这一天，家家插柳门前，招子推之魂。明林魁有诗云：“但使亡人能返国，耻将股肉易封侯。”及至唐代，寒食节渐渐与清明节融合，清明节沿袭了寒食节的节俗。到了宋元时期，清明节作为祭扫陵墓的节日得到了统治者的重视。

在清明节这一天，慎终追远的中华民族重视扫墓祭祖，在外的游子要回到故土，尽一份作为儿孙后裔的责任。清明之祭主要祭祀祖先和去世的亲人，表达祭祀者的孝道和对死者的思念之情，古时在这一天会给官员放假回家祭祖。一家人前往先辈坟茔处，修整坟墓、挂烧纸钱、供奉瓜果酒水等祭品。《大清通礼》把修整坟墓解释为“扫墓”名称的来由：“岁，寒食及霜降节，拜扫圹茔，届期素服诣墓，具酒馔及芟剪草木之器，周胝封树，剪除荆草，故称扫墓。”扫墓者清理杂草，培添新土，用石块压在坟墓周边，表达了对逝者的关怀和孝意。凭吊追思先人，祈求祖先庇佑子孙，同时教育后辈不忘本，振兴家族，继往开来。

早先由于寒食禁火的影响，纸钱不焚烧，而是挂在墓地的小树上、竹竿上，或用石块压在坟墓边。宋庄绰《鸡肋篇》卷上：“寒食日上冢，亦不设香火。纸钱挂于茔树。其去乡里者，皆登山望祭。裂冥帛于空中，谓之擘钱。”这样，凡是祭扫过的坟墓就有纸幡飘飘，构成清明前后的特有景观。后来不再讲究禁火了，便燃上香烛，焚化纸钱，折几枝嫩绿的新枝插在坟上，叩头行礼，最后还把酒洒在坟前，以祭奠祖先。

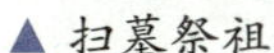

▲ 扫墓祭祖

清明祭祖按祭祀场所的不同可分为墓祭、祠堂祭，以墓祭最为普遍。清明祭祀被称为扫墓，主要是由于采取墓祭方式。在墓地祭祀，祭祀者离祭祀对象最近，容易引起亲近的感觉，使生者对死者的孝思亲情得到更好的表达和寄托。祠堂祭又称庙祭，是一个宗族的人聚集在祠堂共祭祖先，祭完后要开会聚餐等，这种祭祀是团聚族人的一种方式。还有一种情况是身处外地的游子不能赶回家乡扫墓，就在山上或高处面对家乡的方向遥祭。

除了祭祖扫墓，清明节还有踏青、插柳、放风筝等习俗，民间有荡秋千、蹴鞠、斗鸡等活动，部分地区还会吃清明蛋、青团等食物。这些活泼生动、异彩纷呈的节俗使得清明不仅仅是一个寄托哀思伤情的节日，“清明”一词原本就有清澈明净的含义，这也是一个充满勃勃生机的节日。清明节雨水明显增加，是农作物生长的大好时机，农谚说“清明前后，点瓜种豆”“植树造林，莫过清明”，都反映了这种农业规律。

作为春季的节日，踏青之俗从立春、上巳相沿袭而来。而柳树在清明时节抽枝发芽，生长旺盛，应合时令，人们插柳以借此蓬勃生长的寓意。佛教

◀放风筝

中观世音的净瓶中就插有柳枝，因而人们认为柳枝有驱邪避厄的功用。扎纸鸢、放风筝是春季为人们所喜爱的活动，但古老的仪式中风筝有一定的巫术意味，人们把风筝送上天空，故意割断牵绳，风筝无所凭依随风飞远，晦气也随之被带走。

江南一带在清明节家家户户制作和食用一种叫“青团”的食物，取新鲜草汁与糯米粉糅合，内填豆沙、芝麻等馅料，制成一个个玲珑小巧的团子。江浙通常使用浆麦草捣碎挤出汁，用以和面做团，咬在口里，香甜软糯，一股春天的气息满溢唇齿之间。我国各地还有在清明节吃炸馓子的习俗，是一种搓成条状的面食。

清明是一个同时兼有农事和文化意义的节日，我国从2008年始将清明定为法定假日，对传统节日的传承起到了积极的正面作用。《左传》曰：“国之大事，在祀与戎。”祭祖这一活动通过对逝去亲人的追念缅怀，激发我们内心对家族血脉的责任感，形成一种对历史、文化的认同，同时也让我们对生与死的问题做更进一步的思考。

端午节是每年的农历五月初五，又称端阳节、五月节、重五节、午日节、浴兰节等。现在一提到端午节，人们可能最先想到粽子这种节日时令食物。中国人历来重视吃、讲究吃，这种由粽叶包裹糯米制成的食物据说在春秋时代已经出现，具有浓厚的历史人文意义，至今食粽习俗仍盛行不衰。各时期各地制作粽子的粽叶、内馅、形状都有很大差别。粽叶可用菰叶、箬

▲ 清·徐扬《端阳故事图册·裹角黍》

叶、竹叶、芦苇叶、荷叶，还可以用竹筒，在南方两广、云南一带因当地到处生长着芭蕉，比较容易得到这种植物的叶子，因此也有使用芭蕉叶裹粽的。粽子的主料主要是糯米，辅料则因各地口味习惯的差异而不尽相同，有红枣、板栗、肉类、豆沙、松子仁、胡桃以及蜜饯、蛋黄等多种馅料。东汉末年，以草木灰水浸泡黍米制粽，草木灰含有天然碱，这样制作出来的粽子就是碱水粽。如今碱水粽已不多见，但在广东地区仍颇为流行，剥除箬叶后粽子呈金黄色，往白糖里一滚就能吃，口味独特，并非人人都能接受。据说早期人们用牛角祭天，粽子模仿这种形状将粽子扎成牛角样以祭祖，因而早期粽子被称为"角黍"。此外粽子还有锥形、方形、菱形、长形等多种形状。如今云贵等地还保留着用竹筒蒸食的习俗，大约是因地取材之便。

提起粽子，人们接着会想起屈原，南朝梁吴均《续齐谐记》中记载："屈原五月五日投汨罗水，楚人哀之，至此日以竹筒贮米，投水以祭之。"说的是屈原于农历五月五日这一天投身汨罗江，楚人怀念他，将装着米的竹筒投入水中祭祀他。投粽纪念屈原说流传最广，妇孺皆津津乐道，足见民间对屈大夫的认可程度。屈原出生于楚国丹阳，职任三闾大夫，提倡"美政"，选贤举能，罢黜奸佞，革新法令，军事上要求联齐抗秦。屈原在朝中遭排挤和谗毁，又由于楚怀王听信宵小之徒的谗言，将其二度流放。后来诸侯攻楚，怀王身死异乡。《史记·屈原贾生列传》中记载屈原在汨罗江江畔散发行吟，憔悴枯槁，仍心系故国，顾念君王，他感叹"举世皆浊我独清，众人皆醉我独

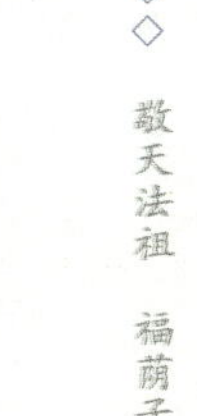

醒”，宁赴湘流葬身鱼腹，不肯以自身清白蒙世之尘埃，作《怀沙》之诗后抱石投江自尽。

传说农历五月五日屈原投水，楚国百姓纷纷涌到江边哀声痛哭，划船打捞屈原的身体，这便是如今龙舟竞渡的由来。人们竞相将鸡蛋、饭团投入水中，湘水中的鱼虾得到了食物就不会伤害屈大夫了。又因为水中蛟龙窃食供品，人们将黍米以楝叶包裹，以五彩丝困住，蛟龙忌惮这两种物品，就形成后来粽子的雏形了。此后每年这一天，人们往江边招魂凭吊，投放粽子，竞赛龙舟就成为端午节的固定习俗。除了屈原，端午节还被认为与伍子胥、勾践、孝女曹娥等人物传说有关。

东汉浙江上虞有女名曹娥，曹娥的父亲是一名常年劳作江边的渔夫。渔夫无论风吹日晒，寒暑晴雨，日日出去打鱼维持生计。一年春夏之交，连降暴雨，舜江洪水暴涨，曹娥劝父亲不要出门打鱼了。渔夫看着窗外雨势也心有担惧，可不打鱼家里就要断粮，女儿就吃不上东西。渔夫不顾曹娥反对坚持要出门打鱼，曹娥愿与父亲同去，但渔夫以曹娥不识水性为由拒绝了。父亲这一走，曹娥心中一直惶惶不安，过了午时也不见父亲回家吃饭。曹娥沿江找寻父亲，只见大浪滔天，阴风怒号，却始终没有看见父亲的渔船。直到落日西斜，才碰上父亲打鱼的几个伙伴，他们看到曹娥都满脸哀戚，告诉她渔夫的小船被一个大浪卷走，再也找不见踪迹了。曹娥不敢相信，但他们说是亲眼所见。

曹娥惊慌失魂，向下游追去，她昼夜沿江哭号。沿岸百姓无一不为之动容，多劝她节哀，但曹娥不肯放弃，一定要寻回自己的父亲。半月寻而未得，曹娥也投江自溺，年仅十四岁。后来渔民打鱼时看见曹娥负着自己父亲的尸体双双浮出水面，以为感动了天地，以此传为神话，乡人为之立碑建庙。因曹娥投水为农历五月五日，因此后人将端午节视作纪念曹娥的日子。

通过对各地端午节民俗的考辨，端午节可能是作为辟邪禳灾的祭祀活动而流传下来的。

▲ 清·徐扬《端阳故事图册·系采丝》

南朝梁宗懔《荆楚岁时记》："五月，俗称恶月。"古代人们认为五月是恶月，五月五日作为重五之日更是恶日。这一天向来是避兵鬼、除病瘟、祛除灾邪的日子。古时人们以五色丝线系臂就是为了辟邪续命，五彩线的五种颜色分别象征金、木、水、火、土五行，又称长命缕、续命缕，后来发展成用五彩线包粽子。

民间认为五月也是五毒（蝎、蛇、蜈蚣、蜘蛛、蟾蜍）出没之时，要用各种方法以预防五毒之害。一般在屋中贴五毒图，以红纸印画五种毒物，再用五根针刺于五毒之上，即认为毒物被刺死，再不能横行了。这是一种辟邪巫术遗俗。民间又在衣饰上绣制五毒，在饼上缀五毒图案，均含驱除之意。

端午之日人们将艾草、菖蒲挂之门上，也是具有驱病辟邪的意义，令妖邪不得靠近家宅。民间有俗谚："蒲剑冲天星斗现，艾旗拂地鬼邪惊。"菖蒲为天中五瑞之首，叶片呈剑形，象征祛除不祥的宝剑，所以又称"蒲剑"，插在门口可以辟邪。而艾草茎叶含挥发性芳香油，味浓烈，是一种可以治病的药草，将艾草挂在屋堂之中还可以驱除蚊蝇虫蚁。清代顾铁卿在《清嘉录》中有一段记载："截蒲为剑，割蓬作鞭，副以桃梗蒜头，悬于窗户，皆以却鬼。"晋代《风土志》中则有："以艾为虎形，或剪彩为小虎，帖以艾叶，内人争相裁之。以后更加菖蒲，或作人形，或肖剑状，名为蒲剑，以驱邪却鬼。"正如对联所言："手执艾旗招百福，门悬蒲剑斩千邪。"

▲清·徐扬《端阳故事图册·悬艾人》

端午节佩香囊，也有辟邪驱瘟之意。香囊内有朱砂、雄黄、香药，外包以丝布，清香四溢，做成各种不同形状，结成一串，形形色色，玲珑夺目。

同时端午节还要饮用或涂抹雄黄酒，古时认为雄黄这种药材可以解毒杀虫，为蛇蝎等毒物所忌惮，有雄黄酒灭五毒的说法。传说雄黄酒亦可对付蛟龙，往江水中倾倒雄黄酒，蛟龙自无处遁形浮出水面，以此保护屈原的遗体。不过雄黄不能多饮，否则会有害身体。

端午节又称“沐兰节”，与那一日古人要沐浴祛邪有关。《大戴礼记》记载：五月五日，“蓄兰为沐浴也”。以兰草汤洗浴以预防皮肤病，祛除恶气。此外在端午节人们还要采药、挂钟馗画。端午前后凉气消散，暑气上升，蚊蝇活动频繁。由此种种活动可见端午节应为古代在酷暑时节到来之前进行的一次避恶灭虫的活动，防止夏季瘟疫疾病的蔓延。

每逢佳节，人们首先想到就是祝福亲友，但最近几年人们多有争议：清明节、端午节要不要，或者能不能祝福亲友“快乐”？有一种说法是，这两个节日只能祝福亲友“安康”，不得说“快乐”，因为这是两个悲伤的节日，祝福亲友“快乐”，不独是对老祖宗的遗忘，也是对亲友的不尊重。这个说法似是而非，节日是随着社会的发展不断演进的，芸芸众生都参与了节日的生产和创造，赋予了节日丰富多彩的内涵。特别是清明节、端午节，清明踏青，

端午赛龙舟、吃粽子，具备欢快的喜庆气氛，这并不是数典忘祖，这是节日礼俗传承过程中的正常现象，我们应该了解和掌握历史和祖先的言教，但也不必墨守成规，不知变通。

如今，清明扫墓祭祖、端午祭奠屈原的习俗已不如以往有很多的悲情色彩，踏青、赛龙舟、吃粽子，给节日增添了几分欢乐，但“慎终追远”还是必不可少的。曾子曰：“慎终追远，民德归厚矣。”慎重地办理父母的葬礼，追祭思念久远的祖先，就会引导百姓的道德风尚回归淳朴厚道。在过节欢乐之余，还是要怀思先人，感念祖先恩德，把传统习俗传承下去。

▲清·徐扬《端阳故事图册·观竞渡》

独在异乡为异客，
每逢佳节倍思亲。
遥知兄弟登高处，
遍插茱萸少一人。
——唐·王维《九月九日忆山东兄弟》

祭月敬老，念远思亲

农历八月十五日是我国的传统佳节——中秋节，这一天的月亮是一年之中最大最圆最亮的，所以中秋明月与千里相思是永恒的主题。人们围绕中秋也形成了丰富多彩的礼俗活动。

中秋节又称月夕、仲秋节、八月节、拜月节。关于中秋节的起源，普遍认为是源于古代的祭月活动。祭月是对月神的祭祀，为古代重要祭礼之一。先秦已有此神祭祀活动，称为“夜明”或“夕月”。祭月原本是帝王的专利，随着时间的推移，原先为朝廷及上层贵族所奉行的祭月礼仪，也逐渐流传到了民间。皇家祭神仪式变成了大众化的民俗活动，并逐渐形成了一种风俗延续下来。同时，祭月的日子，也由秋分日移到了离秋分最近的满月日——中秋。

女子拜月是唐代女性中秋之夜最爱做的事情，不论是宫廷还是民间，女子在八月十五晚上都不忘拜月。再加上唐玄宗游月宫的传说，更为这个节日添加了一丝浪漫色彩。相传农历八月十五夜唐玄宗与两位天师道人一同饮酒赏月，道人作法带唐玄宗一同游览月宫，观月宫仙子奏乐舞蹈，后来玄宗凭借当时的回忆创制了霓裳羽衣舞。这是当时玄宗崇道活动孳生的神话传说。

“中秋节”的说法最早出现于南宋吴自牧所著的《梦粱录》中：“八月十五日中秋节，此日三秋恰半，故谓之‘中秋’。”宋代中秋祭月习俗开始成为求月神赐福，男人求功名利禄，女人则求貌美如仙。北宋金盈之《新编醉翁谈录》卷四“八月”中记载：“中秋，京师赏月之会，异于他郡。倾城人家子女，不以贫富，能自行至十二三，皆以成人之服饰之，登楼或于中庭拜月，各有所期：男则愿早步蟾宫，高攀仙桂。女则愿貌似嫦娥，颜如皓月。”

明清时期，中秋祭月形成了一套相对固定的祭拜仪式。明代刘侗、于奕正的《帝京景物略》记述了明朝北京的中秋夜世人祭月的仪式：

> 八月十五祭月，其祭果饼必圆；分瓜必牙错瓣刻之，如莲花。纸肆市月光纸，绘满月像，趺坐莲花者，月光遍照菩萨也。华下月轮桂殿，有兔杵而人立，捣药臼中。纸小者三寸，大者丈，致工者金碧缤纷。家设月光位，于月所出方，向月供而拜，则焚月光纸，撤所供，散之家人必遍。月饼月果，戚属馈相报，饼有径二尺者。女归宁，是日必返其夫家，曰团圆节也。

说的是八月十五这天，人们用圆圆的月饼和瓜果祭拜月神，西瓜要切成如莲花瓣一样的交错形。从卖纸的店铺中买来的月光纸上画有月亮和月光下盘腿坐在莲花上的菩萨图像。月下有桂树、宫殿和像人一样立着捣药的兔子。月光纸有大有小，做工很精致。家家户户都设拜月的牌位，月亮升起后向着月出的方向拜祭，焚烧月光纸，然后撤下供品分给家人食用。亲戚之间互相

▲ 月光纸

◀ 清·吴友如《愿月常圆》

赠送月饼和瓜果，有的月饼直径可达二尺。回娘家的已婚妇女，在中秋节这天也要回到夫家，叫作团圆节。

明清时期祭月仪式，即如《帝京景物略》所述，是一种以家庭为单位的祭祀活动，这也是唐朝后根据“中秋月圆”而发展出的以“家人团圆”为主题的民间祭月活动。

祭月不在供品有多少，只求祭祀者心存敬意。《穀梁传·成公十七年》说：“祭者，荐其时也，荐其敬也，荐其美也，非享味也。”朱子在《家礼》中也说：“凡祭，主于尽爱敬之诚而已。”祭月要持虔诚肃敬之心。《论语》有“祭如在，祭神如神在”之说，即祭神要敬神如在身边。祭月前最好要沐浴更衣，以示对月神之敬意。中秋夜家人团聚一堂，面对月出方向设祭案，案前高挂月神像（俗称月光纸），案上放置月饼、祭酒、西瓜（切成莲花状）或其他水果及食品作为祭祀供品，外加红烛两支、小型祭香插座（或香炉）一个、酒杯三只。如行跪拜（即膝盖并紧，臀部坐在脚跟上，脚背贴地）礼，则需在案前铺设跪拜席位。家人中选主祭一位（明清逐渐有“男不祭月”的习俗，故主祭一般是家中女性长者），其职责是代表并引领家人行使祭月的礼仪。另选赞礼一位，主导祭月的过程。祭月仪式中的一个重要环节，就是高声诵读祭文。祭文是祭奠和供奉先人神灵时诵读的文章。

月饼是中秋节的重要元素之一。其实月饼最早时不是给人吃的而是在祭月仪式中供月神“飨”的供品，在月神“飨”后，祭月仪式结束后，祭月者

才可以“馂”。我们的先人认为：月神享用供品后，便把福祉寄寓在供品中；祭月者分食祭月供品，便能得到月神的赐福与保佑。

中秋夜举家团圆，人们在祭月、吃月饼之余，会选一处赏月佳地，摆上一桌子瓜果糕点，长辈给孩子们讲有关月亮的各种神话故事，共享天伦之乐。文人集会吟诗咏月，市井小民饮酒猜谜。宋孟元老《东京梦华录》中记载了中秋夜的盛况：“中秋夜，贵家结饰台榭，民间争占酒楼玩月。丝篁鼎沸，近内庭居民，夜深遥闻笙竽之声，宛若云外。闾里儿童，连宵嬉戏。夜市骈阗，至于通晓。”无论贫富贵贱，都要赏月，儿童嬉戏，夜市欢闹，丝竹之声不绝于耳。

金秋时节菊黄蟹熟，相应的还有中秋夜设宴品蟹的活动，富贵人家吃螃蟹讲究，要用蒲草蒸熟，辅以酒醋，食用完毕用苏叶汤净手。此时丹桂飘香，人们还要饮上一杯桂花酒，成为一种节日享受。金陵人还会制作桂花鸭，亦是一道名菜。

“独在异乡为异客，每逢佳节倍思亲。”此句出自王维的《九月九日忆山东兄弟》，这里的佳节指的正是重阳节。重阳节在农历九月九日，《周易》中

▲ 杨柳青年画《拱向蟾轮》

▲ 民国·潘静淑《菊花图》

“六”被定为阴数，“九”被定为阳数，日月并应，两九相重，因而叫作“重阳”，又称为重九节。“九”与“久”谐音，久与长寿相联系，一年阳数最高，加上秋气萧索，万物蛰伏，鸿雁南飞，自古重阳节就被赋予了特殊的感情，文人墨客咏此节庆：“何当载酒来，共醉重阳节。”

每年到了这一日，民间有登高、饮酒、赏菊等习俗，与农历三月初三举家出行“踏春”的活动相似，九月九日携家带眷一起“踏秋”，共赏秋日美景，并且家中的妇女、儿童会在臂上佩戴“茱萸囊”。“茱萸囊”是包着茱萸的小布袋。茱萸又名“越椒”“艾子”，是一种气味辛香的植物，可做香料，亦可入药。茱萸芳香浓烈，可驱虫祛湿，御风治寒，人们认为佩戴这种草药可以祛邪避恶，因而有雅号谓“辟邪翁”。西汉刘歆的《西京杂记》中记载：“九月九日，佩茱萸，食蓬饵，饮菊花酒，云令人长寿。”

重阳节有登高的习俗，与亲友二三人，携一壶好酒，登高览胜，有南山秋气，两相竞高，以此抒怀畅乐。《西京杂记》称：“三月上巳，九月重阳，使女游戏，就此祓禊登高。”在三月上巳和九月重阳，让女孩子出门游玩嬉戏，登高，消除灾厄。重阳之所以要登高，据魏文帝《与钟繇书》中记：“以为宜于长久，故以享宴高会。”这是因重阳寓意长久，值得登高享宴。

也有说，登高其实是源于古人对山岳的崇拜。有人还将“崇”字本身作为旁证：崇，形声字，从山，宗声。崇拜之“崇”原本就是对山岳而言，因

为“山”即高山，“宗”为神圣，蕴含有尊崇、敬畏之意。《礼记·祭法》记载：“山林川谷丘陵，能出云，为风雨，见怪物，皆曰神。”古代先民生存环境极其艰苦，大多依靠采集和狩猎谋生。如果时逢高温干旱，山间密林可避高温炙烤；洪水袭来，攀上高山可躲灭顶之灾。此外，古人认为山上云雾缭绕，为呼风雨、唤雷电之神龙所居。因此，古人对山既敬畏又充满崇拜，“登山祈福”的习俗早在春秋战国时期已流行开来。

关于重阳节为什么要登高还有一个传说，记载在南朝梁吴均《续齐谐记》中。东汉汝南有个叫桓景的人，醉心道术，就拜名叫费长房的名道士为师。这个费长房来头不小，据说是八仙之一韩湘子的前世，会缩地之术。桓景随着费长房四处游学，期年以后，道术有所小成。有一天，费长房突然告诉桓景：“九月九日，灾厄会降临在你家中。你快快回家去，让家人制作红色小囊，内盛茱萸，系在胳膊上。再登高饮菊花酒，此祸可除。”桓景依师父所言照办，九月九日那天带着全家登山游玩。待到夕时回到家中，发现家中圈养的鸡、犬、牛、羊全都暴亡。虽然蒙受了些经济损失，但家中都平安喜乐，躲过一劫，桓景很是感激师父。

这个故事在民间传播开来后演化成了更富传奇性的版本。据说当时在桓景的家乡，河南的汝河一代，有一只瘟魔。他经常光顾村民居住的地方，只要他在村子里逛一圈，就会有人染上瘟疫，有不少村民因此送了性命，皆叫苦不迭。但这瘟魔厉害，附近左右没有人可以赶走他，只能任其肆虐作恶。在瘟魔的又一次降临之时，桓景的父母染上了瘟疫，双双去世。桓景也被折磨得半死不活，待到病愈之后，桓景思念父母，哀痛不已，决心为父母报仇。他辞别家中弱妻和父老乡亲，决心出门访师学艺，学来仙术为村民除掉瘟魔。

桓景四处寻仙问道，踏遍名山大川，以寻访世外高人。他历经艰险，却不肯放弃。后来听闻东方仙山上有一名法力无边的仙人，仙山在虚无缥缈间，但桓景不畏艰难困苦，不在意路途的遥远，一心要找到这位仙君。在仙鹤的引领下，桓景终于找到了那座长满琼枝仙草、云雾缭绕的大山，仙人就住在这座山上。仙人知他的来意，也为他的精神所感动，收留了桓景，教他降妖除魔的法术，还赠他一柄斩妖宝剑。桓景终日刻苦修炼，一心要除掉那瘟魔，一身武艺日渐精进。

一日仙君唤他来身前，道："明日是九月初九，那瘟魔又会为祸人间，你学有所成，应当归去，为民除害。"又赠他一包茱萸叶和一坛菊花酒。桓景心想明日就是九月初九，这山长水远，不容易赶回去。仙人知他心中所想，随即招来仙鹤，桓景辞别拜谢仙人，骑着那仙鹤，穿云而过，不一会儿就到了家乡。桓景将茱萸叶和菊花酒分给相亲们，在九日清晨一同埋伏在瘟魔进村必经的山路上。随着几声狂叫传来，村人皆知瘟魔靠近了，扬起茱萸叶，饮下菊花酒。瘟魔闻到这两样东西的气味，知大事不好，因有了这两样东西邪物不能近身。瘟魔转身欲遁走，桓景手持宝剑从一旁追到，将瘟魔斩于剑下。从此，九月九日登高避灾、佩戴茱萸、饮菊花酒的习俗流传后世。

重阳节的重要仪式之一就是祭祖。《吕氏春秋》之中《季秋纪》载："（九月）命冢宰，农事备收，举五种之要，藏帝籍之收于神仓，祗敬必饬。……是月也，大飨帝，尝牺牲，告备于天子。"可见当时已有在农历九月农作物丰收之时祭飨天帝、祭祖，以谢天帝、祖先的恩德。后来慢慢地衍化为尊老敬老之礼，敬老礼为的是"社会敬老，儿女孝亲"，为老人行此礼，以示一生劳苦功高，此礼与乡饮酒礼颇有渊源。

《礼记·射义》云："乡饮酒之礼者，所以明长幼之序也。"对后世影响最广最大者，实则非乡饮酒礼莫属。根据目前所见诸文献者，早期的乡饮酒礼是周代在乡里举行的宴饮之礼，一般于正月吉日在乡学举行。先王制乡饮酒礼以示尊贤养老，申孝悌揖让之道，自古乡里有教，夏曰校，殷曰庠，周曰序。周制每三年选乡间贤能之士，于是在乡校由乡大夫举行乡饮酒礼，邀贤能之士和年高德劭者谋之，贤者为宾，其次为介，又次为众宾。地方长官来充当乡饮酒礼“主人”。主人通过乡饮酒礼向宾介，亦即德高望重者而表达敬意。

▲ 宋·马远《对月图》

古人甚至把尊老敬老提高到了安邦治国的高度。《礼记·乡饮酒义》有言：“民知尊长养老，而后乃能入孝弟。民入孝弟，出尊长养老，而后成教。成教而后国可安也。”古之重阳在今也称为老人节。登高感怀，念远思亲，重阳尊老敬老，成为了中华优良传统。2006年5月20日，重阳节被国务院列入首批国家级非物质文化遗产名录，以倡导全社会树立尊老、敬老、爱老、助老的风气。

古人从一年的春节开始寄予美好生活愿望，历经元宵、中秋、重阳等节，无不与祈祷安康幸福息息相关。丰衣足食、阖家团圆、四季康健是人们重视这些节日的最基本原因，因此也有一定的礼仪规范，甚至有比较重要的祭祀仪式。但后来大多都演化为庆祝性的节日，淡化了其中的仪式性要求，成为生生不息的固定节日。

图书在版编目(CIP)数据

老祖宗说礼仪 / 刘正平,黄茜娅著. —杭州 : 浙江古籍出版社,2016.7 (2018.5 重印)

ISBN 978-7-5540-0863-8

Ⅰ. ①老… Ⅱ. ①刘… ②黄… Ⅲ. ①礼仪-中国 Ⅳ. ①K892.26

中国版本图书馆 CIP 数据核字(2016)第 165234 号

老祖宗说礼仪

刘正平　黄茜娅　著

出版发行　浙江古籍出版社

(杭州市体育场路 347 号　电话:0571-85068292)

网　　址　www.zjguji.com

责任编辑　陈临士　张顺洁

特约编辑　裘禾峰

责任校对　余　宏　吴颖胤

封面设计　刘　欣

老祖宗形象设计　李　阳

责任印务　楼浩凯

照　　排　杭州兴邦电子印务有限公司

印　　刷　杭州富阳美术印刷有限公司

开　　本　710mm×1000mm　1/16

印　　张　12.25

字　　数　180 千字

版　　次　2016 年 8 月第 1 版

印　　次　2018 年 5 月第 3 次印刷

书　　号　ISBN 978-7-5540-0863-8

定　　价　25.00 元